W0396102

Wenn Pema Chödrön, eine der beliebtesten buddhistischen Lehrerinnen des Westens, über das meditative Leben spricht, dann hört sich das ganz anders an, als man es von einer buddhistischen Nonne erwartet. Bei der Meditation, so sagt sie, geht es nicht darum, sich mit Gewalt zu einem besseren Menschen zu machen. Die buddhistische Tugend der »Maitri«, der liebenden Zuwendung, müsse man vielmehr auch auf sich selbst anwenden: »Wir dürfen so verrückt sein, wie wir eben nun mal sind oder schon immer waren. Bei der Meditationspraxis geht es nicht darum, uns selbst auf den Müll zu werfen und etwas Besseres werden zu wollen. Es geht darum, uns damit anzufreunden, wie wir jetzt sind.«

In kurzen Betrachtungen zentraler buddhistischer Themen und Praktiken spricht die Autorin über die Möglichkeit einer authentischen meditativen Praxis unter den Bedingungen der westlichen Industriegesellschaft. Pema Chödrön zeichnet sich durch eine erfrischende Unkonventionalität im Umgang mit konventionellen buddhistischen Themen aus, und sie schreibt darüber mit Mitgefühl, Verständnis und Humor.

Pema Chödrön, geboren 1936, wurde 1975 vom 16. Gyalwa Karmapa zur buddhistischen Nonne in der tibetischen Tradion ordiniert und war die erste Amerikanerin, die diese volle Ordination erhielt. Von 1973 bis 1987 war sie Schülerin von Chögyam Trungpa. Heute leitet sie das tibetische Zentrum Karma Dzong in Boulder, Colorado, und das tibetische Kloster Gampo Abby in Neuschottland. Weitere Veröffentlichungen in deutscher Sprache: ›Beginne, wo du bist. Eine Anleitung zum mitfühlenden Leben‹ (1997); ›Wenn alles zusammenbricht. Hilfestellung für schwierige Zeiten‹ (1998).

Unsere Adresse im Internet: www.fischer-tb.de

Pema Chödrön

Liebende Zuwendung
Freude im Herzen

Buddhistische Praxis im westlichen Alltag

Aus dem Amerikanischen
von Katharine Cofer

Fischer Taschenbuch Verlag

Spirit
Herausgegeben von
Stephan Schuhmacher

2. Auflage: Juni 2001

Veröffentlicht im Fischer Taschenbuch Verlag GmbH,
Frankfurt am Main, August 2000

Lizenzausgabe mit freundlicher Genehmigung des
Aurum Verlages GmbH, Braunschweig
Die amerikanische Originalausgabe erschien unter dem Titel
»The Wisdom of No Escape« bei Shambhala Publications, Boston
© Pema Chödrön 1991
Die deutsche Ausgabe erschien zunächst unter dem Titel
›Dharma als Lehre, Dharma als Erfahrung‹:
© Aurum Verlag GmbH, Braunscheig 1992, 1998
Druck und Bindung: Clausen & Bosse, Leck
Printed in Germany
ISBN 3-596-14459-0

Für meinen Lehrer,
Vidyadhara den ehrwürdigen Chögyam Trungpa Rinpoche,
und für meine Kinder, Arlyn und Edward.

Inhalt

Vorwort

Die Vorträge in diesem Buch wurden während einer einmonatigen Übungsperiode (*dathun*) im Frühjahr 1989 gehalten. Während dieses Übungsmonats wandten die Teilnehmer, die sich sowohl aus Laien als auch aus Mönchen zusammensetzten, die von Chögyam Trungpa gelehrte und in diesem Buch beschriebene Meditationstechnik an. Zur formalen Sitzmeditation kamen die Meditationen beim Gehen und beim Essen (*oryoki*) sowie die Mithilfe bei der Pflege der Räume und der Umgebung des Klosters und bei der Essenszubereitung hinzu.

Diese Reden wurden jeden Tag morgens früh gehalten. Sie sollten die Teilnehmer inspirieren und sie dazu ermutigen, für jedes Ereignis von ganzem Herzen wach zu bleiben und die Fülle von Material, die der Alltag bietet, als wichtigsten Lehrer und wichtigste Führung zu betrachten.

Die naturgegebene Schönheit von Gampo Abbey, einem buddhistischen Kloster für westliche Männer und Frauen, 1983 von Chögyam Trungpa gegründet, trug maßgebend zur Stimmung der Vorträge bei. Das Kloster liegt auf der Insel Cape Breton in der kanadischen Provinz Neuschottland am Ende einer langen ungeteerten Straße, hoch auf den Klippen über der Saint Lawrence-Bucht, wo die Wildheit und Verspieltheit des Wetters, der Tiere und der Landschaft die ganze Atmosphäre prägen. Während man in der Meditationshalle sitzt, durchdringt die Weite des Himmels und des Wassers den Geist und das Herz. Die Stille des Ortes, verstärkt durch die Geräusche von Meer und Wind, von Vögeln und anderen Tieren, durchdringt die Sinne.

Während des *dathun* (wie im übrigen zu jeder Zeit im Kloster) hielten sich die Teilnehmer an die fünf Mönchsgelübde: nicht lügen, nicht stehlen, sich keiner sexuellen Betätigung hingeben, nicht töten und keine Rauschmittel verwenden. Das Zusammenwirken von Natur, Einsamkeit, Meditation und Gelübden führte zu einer mal schmerzhaften, mal beglückenden Situation des Nicht-Ausweichen-Könnens, die wir auch »Kein Ausgang« nennen. Ohne die Möglichkeit, sich irgendwo verstecken zu können, konnte man leichter die in diesen einfachen Reden dargebotenen Lehren mit offenem Herzen und offenem Geist aufnehmen.

Die Botschaft sowohl für die Teilnehmer am *dathun* als auch für den Leser dieses Buches lautet: bei sich sein, ohne jede Verlegenheit oder Härte. Es handelt sich um eine Anweisung, wie man sich selbst und die eigene Welt lieben kann. Damit ist dieses Buch also auch eine einfache, für jedermann zugängliche Unterweisung darin, wie man menschliches Elend auf persönlicher wie auf globaler Ebene lindern kann.

Ich möchte Jonathan Green von Shambhala Publications danken, der mich dazu ermutigte, dieses Buch zu veröffentlichen; des weiteren Migme Chödrön von Gampo Abbey, die die Vorträge aufzeichnete und redigierte, und Emily Hilburn Sell von Shambhala Publications, die sie in ihre gegenwärtige Form brachte. Das hier Gesagte ist nichts anderes als meine sehr eingeschränkte, bisherige Auffassung dessen, was mein Lehrer, Chögyam Trungpa Rinpoche, mir mit großem Mitgefühl und unendlicher Geduld gezeigt hat. Möge es von Nutzen sein.

(Anm. d. Übers.: Um die Schlichtheit und Unmittelbarkeit auszudrücken, die die Beziehung zwischen Meister und Schülern im Buddhismus und insbesondere auf solchen Meditationskursen wie dem hier beschriebenen charakterisieren, wurde bei der Übersetzung für die direkte Anrede bewußt das »Du«, in einigen Fällen, wo eindeutig die Gruppe der Zuhörenden gemeint ist, das »Ihr« gewählt.)

Liebende Zuwendung

Unter allen Menschen, die je auf der Erde geboren wurden, herrscht das weit verbreitete Mißverständnis, daß wir dann am besten leben, wenn wir versuchen, dem Schmerz aus dem Weg zu gehen und es uns bequem zu machen. Dieses Bestreben kann man sogar bei den Insekten und Tieren und Vögeln beobachten. In diesem Punkt sind wir alle gleich.

Zu einer viel intessanteren, mitfühlsameren, abenteuerlicheren und freudvolleren Lebensweise können wir jedoch gelangen, wenn wir beginnen, unsere Neugierde zu entwikkeln, und es uns dabei einerlei ist, ob der Gegenstand unserer Wißbegier bitter oder süß ist. Um ein Leben zu führen, das über Kleinlichkeit und Vorurteil sowie über das Bestreben, das Geschehen stets in unserem Sinne zu lenken, hinausreicht, um ein leidenschaftlicheres, volleres und beglückenderes Leben zu führen, müssen wir erkennen, daß wir viel Leid und viel Freude ertragen können, um herauszufinden, wer wir sind und was diese Welt ist, wie wir funktionieren und wie unsere Welt funktioniert, wie das Ganze einfach *ist*. Wenn wir uns der Bequemlichkeit um jeden Preis verschreiben, werden wir, sobald wir auf die geringste Schmerzgrenze stoßen, davonlaufen; wir werden nie wissen, was sich hinter jener Schranke oder Mauer oder angsterregenden Schwelle verbirgt.

Wenn man anfängt zu meditieren oder sich mit irgendeiner Form von spiritueller Disziplin zu befassen, hofft man oft, auf irgendeine Weise zu einem besseren Menschen zu werden, was aber im Grunde eine Art subtiler Gewalt gegen das darstellt, was man wirklich ist, gegen das eigene Wesen. Es ist in etwa so, als würde man sich immer wieder vorsagen: »Wenn ich jeden Tag einen Waldlauf mache, werde ich ein viel besserer Mensch sein« oder »Hätte ich nur ein schöneres Haus, wäre ich ein besserer Mensch« oder eben »Wenn ich nur meditieren und mich beruhigen könnte, dann wäre ich ein besserer Mensch.« Vielleicht hat man in seiner Vorstellung auch immer etwas an den anderen auszusetzen und sagt sich etwas wie: »Wenn mein Mann nicht so schwierig wäre, dann hätte ich eine perfekte Ehe.« Oder: »Wenn mein Chef nicht so unmöglich wäre, dann hätte ich einen tollen Job.« Und dann: »Wenn mein Geist nicht so unruhig wäre, dann wäre meine Meditation ausgezeichnet.«

Doch liebende Zuwendung uns selbst gegenüber – das, was im Buddhismus *maitri* genannt wird – bedeutet nicht, daß wir irgendwelche Eigenschaften von uns ausmerzen müssen. *Maitri* bedeutet, daß wir so verrückt sein dürfen, wie wir eben nun mal sind oder schon immer waren. Wir dürfen so wütend sein, wie wir es schon immer waren. Wir können immer noch ängstlich oder eifersüchtig sein oder uns unwürdig fühlen. Der Punkt ist, daß wir nicht versuchen sollten, uns in irgendeiner Weise zu ändern. Bei der Meditationspraxis geht es nicht darum, uns selbst auf den Müll zu werfen und etwas Besseres werden zu wollen. Es geht darum, uns damit anzufreunden, wie wir jetzt sind. Das Fundament unserer Übung, das bist du, das bin ich, wer auch immer wir in diesem Augenblick sind, wie wir eben sind. Das ist die Grundlage, das ist das, was wir beobachten, was wir mit großer Neugierde und starkem Interesse kennenlernen wollen.

Manchmal wird unter Buddhisten das Wort »Ego« oder »Ich«, hier mit einem anderen Inhalt als in der Freudschen Theorie, in einem abschätzigen Sinne benutzt. Als Buddhisten könnten wir zum Beispiel sagen: »Mein Ego macht mir so viele Probleme.« Daraus könnten wir den Schluß ziehen: »Gut, dann müssen wir es einfach ausmerzen, nicht wahr? Dann ist das Problem gelöst.« In Wirklichkeit handelt es sich hier aber nicht darum, das Ego auszumerzen, sondern vielmehr darum, unser Interesse an uns selbst zu erwecken, unser Selbst neugierig zu erforschen.

Der Weg der Meditation und der Weg unseres Lebens haben überhaupt mit Neugierde, mit Wißbegier zu tun. Den Urboden dafür bildet unser Selbst: Wir sind hier, um uns selbst zu beobachten und kennenzulernen, und zwar jetzt, nicht irgendwann später. Oft sagt man mir: »Ich wollte kommen und mit Ihnen sprechen, ich wollte Ihnen einen Brief schreiben, ich wollte Sie anrufen, aber ich wollte warten, bis ich mich mehr im Griff habe.« Und ich denke: »Nun, wenn du so bist wie ich, dann könntest du unter Umständen ewig warten!« Deshalb ist es besser, man kommt so, wie man ist. Der Zauber entsteht dann, wenn man bereit ist, sich dem zu öffnen, für diesen Zustand völlig wach zu sein. Eine der wichtigsten Entdeckungen, die wir in der Meditation machen, besteht darin, zu sehen, wie wir ständig vor dem gegenwärtigen Augenblick wegrennen, wie wir es vermeiden, hier zu sein, einfach so, wie wir sind. Das wird nicht als Problem betrachtet; es geht nur darum, es zu sehen.

Wißbegier oder Neugierde haben damit zu tun, sanft, präzise und offen zu sein – im Grunde geht es dabei um die Fähigkeit, loszulassen und sich zu öffnen. Sanftheit bedeutet eine Haltung der Gutherzigkeit gegenüber uns selbst. Präzision bedeutet, sehr klar zu sein, keine Angst zu haben, das zu sehen, was wirklich da ist, ebenso wie ein Wissenschaftler keine Angst hat, in ein Mikroskop zu schauen. Offenheit bedeutet, loslassen und sich öffnen zu können.

Die Wirkung dieses Meditationsmonats, den wir nun beginnen, wird so sein, als ob am Ende eines jeden Tages jemand dir ein Video von dir vorführen würde und du dein ganzes Verhalten sehen könntest. Du würdest sicher oft zusammenzucken und »Igitt!« sagen. Du würdest wahrscheinlich sehen, daß du selbst all die Dinge machst, wegen derer du all die Menschen in deinem Leben kritisiert, die du nicht magst, all die Menschen, die du verurteilst. Mit dir selbst Freundschaft zu schließen, heißt im Grunde auch, mit all jenen Menschen Freundschaft zu schließen, denn wenn du schließlich diese Art von Ehrlichkeit, Sanftheit und Gutherzigkeit, verbunden mit Klarheit in bezug auf dich selbst erlangt hast, steht dem Empfinden von liebender Zuwendung auch in bezug auf andere nichts im Wege.

So ist also der Urgrund von *maitri* das Selbst. Wir sind hier, um uns selbst kennenzulernen und zu beobachten. Der Pfad, der Weg, um dort hinzukommen, unser wichtigstes Fahrzeug wird die Meditation und darüber hinaus auch ein generelles Gefühl der Wachsamkeit sein. Unsere Wißbegier wird sich nicht auf die Zeit beschränken, in der wir hier sitzen: Ob wir nun über die Gänge laufen, die Toiletten benutzen, draußen spazierengehen, in der Küche das Essen zubereiten oder uns mit unseren Freunden unterhalten – egal, was wir tun, wir werden versuchen, dieses Gefühl der Lebendigkeit, der Offenheit und der Neugierde in bezug auf alles, was geschieht, wachzuhalten. Vielleicht werden wir das erleben, was traditionell als die Frucht von *maitri* beschrieben wird: die Ausgelassenheit.

So hoffe ich, daß wir einen schönen Monat hier verbringen werden, daß wir uns dabei besser kennenlernen und eher ausgelassener als grimmiger werden.

Zufriedenheit

Es ist sehr hilfreich, zu erkennen, daß wir im Grunde nichts anderes brauchen als hier zu sein, in der Meditation dazusitzen, einfache Aktivitäten des Alltags zu verrichten, wie zum Beispiel arbeiten, draußen spazierengehen, mit Leuten reden, baden, auf die Toilette gehen, essen, um völlig wach, völlig lebendig, völlig menschlich zu sein. Es ist auch hilfreich, zu erkennen, daß dieser Körper, den wir besitzen, dieser Körper, der hier und jetzt auf dem Boden dieses Schreinraums sitzt, dieser Körper, der vielleicht schmerzt, weil es erst der zweite Tag des *dathun* ist, und auch dieser Geist, den wir jetzt besitzen, genau das sind, was wir brauchen, um völlig menschlich, völlig wach und völlig lebendig zu sein. Außerdem sind die Gefühle, die wir gerade in diesem Augenblick haben, die positiven wie auch die negativen, genau die, die wir brauchen. Es ist, als ob wir uns umsehen würden, um herauszufinden, was der größte Reichtum wäre, den wir überhaupt besitzen könnten, um ein gutes, anständiges, absolut erfüllendes, dynamisches, inspiriertes Leben führen zu können, und alles bereits in uns vorfinden würden.

Mit dem zufrieden zu sein, was wir bereits haben, ist ein magischer, goldener Schlüssel zum vollen, uneingeschränkten und inspirierten Lebendigsein. Eines der größten Hindernisse auf dem Weg zu dem, was traditionell als Erleuchtung bezeichnet wird, ist der Groll, das Gefühl, beschwindelt worden zu sein, darüber mißmutig zu sein, wer man ist, wo man ist, was man ist. Deshalb reden wir so oft davon, mit uns selbst Freundschaft zu schließen, denn aus irgendeinem Grund erleben wir diese Art von Zufriedenheit nicht in einer tiefen, wirklich erschöpfenden Weise. Meditation ist ein Prozeß des

Leichterwerdens, ein Weg, der letztendlichen Güte dessen, was wir haben und wer wir sind, vertrauen zu lernen, eine Möglichkeit, zu erkennen, daß alle Weisheit, die existiert, in dem existiert, was wir bereits haben. Unsere Weisheit ist voll und ganz mit dem vermischt, was wir unsere Neurose nennen. Unsere Brillanz, unser Saft, unser Pfeffer sind voll und ganz mit unserer Verrücktheit und unserer Verwirrung vermischt, und deshalb nützt es nichts, wenn wir versuchen, unsere sogenannten negativen Anteile loszuwerden, weil wir uns dabei auch unserer ureigenen Herrlichkeit entledigen. Wir können unser Leben so führen, daß wir immer mehr dafür wach werden, was wir sind und was wir tun, anstatt zu versuchen, uns zu bessern oder umzukrempeln oder unliebsame Eigenschaften loszuwerden. Letztendlich geht es darum, aufzuwachen, aufmerksamer, wißbegieriger und neugieriger in bezug auf uns selbst zu werden.

Während wir in der Meditation dasitzen, tun wir nichts anderes, als die Menschheit und die ganze Schöpfung in Form unserer selbst zu erforschen. Wir selbst können Spezialisten werden für Wut, Eifersucht und Selbstverurteilung oder aber für Freude, Klarheit und Einsicht. Alles, was Menschen empfinden, empfinden wir auch. Wir können äußerst weise und empfänglich der ganzen Menschheit gegenüber werden, indem wir einfach nur uns selbst kennen, so, wie wir sind.

Hier geht es wieder um die liebende Zuwendung, wenngleich von einem etwas anderen Blickwinkel aus gesehen. Der Urgrund der liebenden Zuwendung ist dieses Gefühl der Zufriedenheit damit, wer man ist und was man hat. Der Weg dorthin ist ein Gefühl des Staunens, wieder wie ein zwei- oder dreijähriges Kind sein, alles wissen wollen, was nicht gewußt werden kann, alles in Frage stellen. Wir wissen, daß wir niemals wirklich die Antworten finden werden, denn solche Fragen entstehen aus einem Heißhunger, einer Leidenschaft für das Leben heraus – sie haben nichts damit zu tun, irgendeine Lösung zu finden oder alles zu einem ordentlichen Paket zusammenzuschnüren. Diese Art zu fragen, ist die Reise selbst. Worauf sie hinausläuft, ist die Erkenntnis unserer Verwandtschaft mit der ganzen Menschheit. Wir erkennen, daß wir an allem teilhaben, was alle anderen haben und sind. Dieser Weg, mit uns selbst Freundschaft zu schließen, hat nichts mit Selbstsucht zu tun. Wir versuchen nicht, alles Gute für uns selbst herauszuschlagen. Es handelt sich vielmehr um einen Prozeß, liebende Zuwendung und echtes Verständnis auch in bezug auf andere Menschen zu entwickeln.

Unsere wahre Natur finden

In einer seiner Lehrreden spricht Buddha von den vier Arten von Pferden: dem ausgezeichneten Pferd, dem guten Pferd, dem schlechten Pferd und dem sehr schlechten Pferd. Das ausgezeichnete Pferd, so heißt es im Sutra*, bewegt sich schon, bevor die Peitsche seinen Rücken überhaupt berührt; der bloße Schatten der Peitsche oder das geringste Geräusch vom Kutscher reicht aus, um das Pferd anzutreiben. Das gute Pferd rennt bei der geringsten Berührung der Peitsche auf seinem Rücken. Das schlechte Pferd rennt erst, wenn es Schmerz empfindet, und das sehr schlechte Pferd rührt sich nicht von der Stelle, bis der Schmerz ihm nicht durch Mark und Bein gegangen ist.

Wenn Shunryu Suzuki in seinem Buch *Zen-Geist, Anfänger-Geist* diese Geschichte erzählt, sagt er, daß seine Schüler, wenn sie diese Geschichte gehört haben, immer das beste Pferd sein wollen, daß es aber, wenn wir sitzen, im Grunde völlig gleich ist, ob wir das beste Pferd oder das schlechteste Pferd sind. Er sagt dann auch, daß das wirklich schlechte Pferd im Sinne der Übung dennoch das beste ist.

Was ich im Laufe meiner Meditationspraxis erkannt habe, ist, daß es nicht darum geht, das beste Pferd oder das gute Pferd oder das schlechte Pferd oder das sehr schlechte Pferd zu sein. Es geht vielmehr darum, unsere wahre Natur zu finden und aus dieser heraus zu sprechen und zu handeln. Was auch immer unsere besondere Eigenschaft ist, darin besteht unser Reichtum, unsere Schönheit; darauf reagieren andere Menschen.

---

* Ein Diskurs oder Lehrsatz des Buddha.

Einmal hatte ich Gelegenheit, mit Chögyam Trungpa Rinpoche darüber zu sprechen, daß ich es nicht schaffte, meine Meditationspraxis richtig durchzuführen. Ich hatte gerade mit den *Vajrayana**-Praktiken begonnen und sollte beim Üben visualisieren. Ich konnte aber überhaupt nichts visualisieren. Ich bemühte mich noch und noch, aber es tat sich überhaupt nichts; ich fühlte mich bei der Übung wie eine Betrügerin, weil sie mir so unnatürlich vorkam. Ich war ganz unglücklich, weil alle anderen offenbar alles mögliche visualierten und sich dabei anscheinend nicht schwer taten. Dazu sagte Rinpoche: »Ich bin immer mißtrauisch bei denen, die sagen, daß alles gut läuft. Wenn du meinst, es laufe alles gut, kommt das meistens von irgendeiner Art von Arroganz. Wenn es dir allzu leicht fällt, dann entspannst du dich zu sehr. Du bemühst dich nicht wirklich, und so erfährst du nie, was es bedeutet, voll und ganz Mensch zu sein.« Er ermutigte mich also, indem er mir sagte, daß man gut übt, solange man solcherlei Zweifel hat. Wenn man aber anfängt zu meinen, alles sei perfekt, und sich selbstgefällig und den anderen überlegen fühlt, dann ist Vorsicht geboten!

Dainin Katagiri Roshi erzählte einmal eine Geschichte über seine eigene Erfahrung, das schlechteste Pferd zu sein. Als er das erste Mal aus Japan in die Vereinigten Staaten kam, war er ein junger Mönch Ende zwanzig. Er war lange Zeit in Japan Mönch gewesen – wo alles sehr genau, sehr sauber, sehr ordentlich zugeht. In den U.S.A. waren seine Schüler lauter barfüßige Hippies mit langen, ungewaschenen Haaren und zerlumpten Kleidern. Er mochte sie nicht. Er konnte nichts dafür, aber er konnte diese Hippies einfach nicht ausstehen. Ihre ganze Art beleidigte ihn zutiefst. Er sagte: »Den ganzen

---

* Das »Diamant-Fahrzeug«. Die Praxis, bei der das Ergebnis als Weg genommen wird.

Tag hielt ich also Vorträge über Mitgefühl, und abends ging ich nach Hause und heulte, weil ich erkannte, daß ich überhaupt kein Mitgefühl hatte. Weil ich meine Schüler nicht mochte, mußte ich viel härter arbeiten, um mein Herz zu entwickeln.« Wie Suzuki Roshi mit seinem Beispiel klarmacht, geht es um genau diesen Punkt: Wenn wir uns selbst in der Rolle des schlechtesten Pferdes wiederfinden, werden wir inspiriert, uns stärker zu bemühen.

In Gampo Abbey hatten wir einmal einen tibetischen Mönch, Lama Sherap Tendar, der uns beibrachte, wie man die tibetischen Musikinstrumente spielt. Uns standen 49 Tage zur Verfügung, um das Instrumentenspiel zu lernen; und wir sollten während dieser Zeit, so dachten wir, auch vieles andere lernen. Wie es sich aber herausstellte, taten wir 49 Tage lang zweimal am Tag nichts anderes, als zu lernen, wie man die Zimbel und die Trommel schlägt und wie man die beiden zusammen spielt. Wir übten und übten, jeden Tag. Wir übten allein, und dann spielten wir dem Lama Sherap vor, der immer dasaß und so eine kleine, gequälte Miene machte. Dann nahm er unsere Hände und zeigte uns, wie man richtig spielt. Dann machten wir es wieder alleine, und dann seufzte er immer. Und so ging es 49 Tage lang. Er sagte nie, daß wir es gut machten, aber er war sehr liebenswürdig und sehr sanft. Zum Schluß, als alles vorbei war und wir unser letztes Vorspiel gegeben hatten, prosteten wir uns gegenseitig zu und hielten kleine Reden, und dann sagte Lama Sherap: »Eigentlich habt ihr sehr gut gespielt. Ihr habt von Anfang an sehr gut gespielt, aber ich wußte, wenn ich euch sage, ihr spielt gut, dann bemüht ihr euch nicht mehr.« Er hatte recht. Er hatte eine so sanfte Art, uns zu ermutigen, daß wir deswegen keine Wut auf ihn bekamen und den Mut nicht verloren. Wir bekamen einfach das Gefühl, daß er wußte, wie man die Zimbel richtig spielt, daß er diese Zimbel seit seiner frühesten

Jugend gespielt hatte und daß wir uns einfach weiterhin bemühen mußten. Während der 49 Tage arbeiteten wir also sehr hart.

In der gleichen Weise können wir auch an uns selbst arbeiten. Wir müssen nicht hart mit uns sein, wenn wir beim Sitzen das Gefühl haben, unsere Medition oder unser *oryoki* oder unsere Art, in der Welt zu sein, sei in der Kategorie des schlechtesten Pferdes. Wir könnten damit großes Mitgefühl haben und daraus die Motivation für unsere Bemühungen ziehen, uns weiterzuentwickeln, unsere wahre Natur zu finden. Dabei werden wir nicht nur unsere wahre Natur finden, sondern wir werden auch viel über andere Menschen lernen, denn im Grunde ihres Herzens kommen sich die meisten von uns wie das schlechteste Pferd vor. Vielleicht hältst du dich oder einen anderen für einen arroganten Menschen, aber jeder, der auch nur einen Augenblick lang Arroganz verspürt hat, weiß, daß sie nichts anderes ist als eine Tarnung für das Gefühl, daß man in Wirklichkeit das allerschlechteste Pferd ist, und der Versuch, ständig das Gegenteil zu beweisen.

In seinem Vortrag sagt Suzuki Roshi, daß die Meditation und der ganze Prozeß der Suche nach der eigenen wahren Natur eine einzige Kette von Fehlern ist und daß das kein Grund zur Depression oder zur Entmutigung sein soll, sondern vielmehr die Motivation zum Weitermachen darstellt. Wenn man sich in der Meditation beim Zusammensacken ertappt, ist das die Motivation, sich stärker aufzurichten, nicht, um das eigene Selbst schlechtzumachen, sondern vielmehr aus einem Gefühl des Stolzes auf alles, was einem widerfährt, aus Stolz darauf, wer man ist, so, wie man gerade ist, aus Stolz auf die eigene Güte oder Gerechtigkeit oder Schlechtigkeit – wie man sich eben vorfindet –, aus einem Gefühl heraus, daß man den Stolz nimmt und ihn einsetzt, um sich selbst anzuspornen.

Die Karma Kagyü-Übertragungslinie des tibetischen Buddhismus, in der die Schüler von Chögyam Trungpa ausgebildet werden, wird manchmal die »Übertragungslinie des Mißgeschicks« genannt wegen der Abenteuerlichkeiten, in die sich die weisen und ehrwürdigen Lehrer dieser Linie immer wieder stürzten. Am Anfang war Tilopa, der ein Verrückter war, völlig irre. Sein wichtigster Schüler war Naropa. Naropa war dermaßen intellektuell und verkopft, daß er zwölf Jahre des Zermalmens, der schwersten Prüfungen durch seinen Lehrer über sich ergehen lassen mußte, damit er überhaupt begann aufzuwachen. Er war dermaßen in der Begrifflichkeit gefangen, daß er immer, wenn jemand ihm etwas erzählte, erwiderte: »O ja, aber damit meinen Sie doch sicher *dieses.*« So funktionierte eben sein Kopf. Sein wichtigster Schüler war Marpa, der berüchtigt war wegen seiner schrecklichen Wutanfälle. Er geriet ständig in Rage und schlug und schrie auf Menschen ein. Überdies war er ein Säufer und auch dafür bekannt, unglaublich dickköpfig zu sein. Sein Schüler war Milarepa. Milarepa war ein Mörder! Rinpoche sagte immer, daß Marpa Schüler des Dharma wurde, weil er meinte, viel Geld machen zu können, indem er Texte aus Indien mitbrachte und sie ins Tibetische übersetzte. Sein Schüler Milarepa wurde Dharma-Schüler, weil er Angst hatte, in der Hölle zu landen, weil er Menschen umgebracht hatte.

Milarepas Schüler hieß Gampopa (nach ihm ist Gampo Abbey benannt). Weil ihm alles leicht fiel, war Gampopa arrogant. Hierzu ein Beispiel: Am Abend, bevor er Gampopa zum ersten Mal traf, sagte Milarepa zu einigen seiner Anhänger: »Morgen kommt einer, der dazu bestimmt ist, mein wichtigster Schüler zu werden. Wer ihn zu mir bringt, soll davon großen Nutzen haben.« Als Gampopa in der Stadt ankam, lief eine alte Frau, die ihn gesehen hatte, zu ihm hin und sagte: »Milarepa sagte uns, du würdest heute kommen und wärest dazu auserkoren, einer seiner wichtigsten Schüler zu werden. Deshalb will ich, daß meine Tochter dich zu ihm bringt.« Und so dachte sich Gampopa, er müsse schon ein toller Hecht sein, und ging sehr stolz zu seinem Treffen mit Milarepa, in der Gewißheit, daß er mit großen Ehren empfangen würde. Milarepa aber ließ ihn in eine Höhle stecken und wollte Gampopa drei Wochen lang nicht sehen.

Was den wichtigsten Schüler von Gampopa, den ersten Karmapa, betrifft, wissen wir nur, daß er sehr häßlich war. Man sagte, er sähe aus wie ein Affe. Es gibt auch eine Geschichte über ihn und drei andere wichtige Schüler Gampopas, die aus dem Kloster hinausgeworfen wurden, weil sie sich besoffen hatten und sangen und tanzten und gegen die Mönchsregeln verstießen.

Wir könnten uns alle ein Herz fassen. Das sind die Weisen, die vor uns sitzen, vor denen wir uns niederwerfen, wenn wir uns verbeugen. Wir können in ihnen ein Beispiel für unsere eigene Weisheit als erleuchtete Wesen sehen. Aber vielleicht ist es auch gut, in ihnen verwirrte, verrückte Menschen mit vielen Neurosen zu sehen – Menschen genau wie wir selbst. Es sind gute Beispiele für Menschen, die sich nie selbst aufgaben und keine Angst hatten, sich selbst zu sein, und die deshalb zu ihrer ureigenen Qualität und ihrer wahren Natur fanden.

Hier geht es darum, zu sehen, daß unsere wahre Natur nicht irgendein Ideal ist, an dem wir uns messen müssen. Sie ist vielmehr das, was wir jetzt sind, und das ist genau das, womit wir uns anfreunden, was wir zelebrieren können.

Präzision, Sanftheit und Loslassen

Bei der Meditation und in unserem täglichen Leben gibt es drei Qualitäten, die wir nähren, kultivieren und entfalten können. Wir besitzen sie bereits, aber sie können auch stärker reifen: Präzision, Sanftheit sowie die Fähigkeit loszulassen.

Als der Buddha lehrte, sagte er nicht, daß wir schlecht seien oder irgendeine Sünde – oder gar Erbsünde – begangen hätten, aufgrund derer wir unwissend statt klar, hart statt sanft, verschlossen statt offen seien. Er lehrte, daß es eine Art unschuldiges Mißverständnis gibt, an dem wir alle teilhaben, eine Art Unklarheit, die umgedreht, berichtigt und durchschaut werden kann, als ob wir in einem dunklen Raum säßen und jemand uns zeigen würde, wo der Lichtschalter ist. Dadurch wird unser Leben beträchtlich erhellt. Wir können anfangen, Bücher zu lesen, die Gesichter anderer Menschen zu erkennen, die Farben der Wände zu entdecken, uns an den kleinen Tieren zu erfreuen, die herein- und herausspazieren.

Wenn wir in der gleichen Weise unsere sogenannten Beschränkungen mit Klarheit, Präzision, Sanftheit, Gutherzigkeit und liebender Zuwendung betrachten, wenn wir sie voll erkennen und dann loslassen, uns weiter öffnen, stellen wir im Laufe der Zeit fest, daß unsere Welt weiter und erfrischender und faszinierender ist, als uns vorher bewußt war. Mit anderen Worten, der Schlüssel, um uns wieder ganz und weniger abgeschnitten und verschlossen zu fühlen, besteht darin, klar sehen zu können, wer wir sind und was wir machen.

Der unschuldige Irrtum, der uns in unserer eigenen Spielart von Unwissen, mangelndem Mitgefühl und Verschlossenheit gefangenhält, besteht darin, daß wir nie dazu ermutigt werden, mit Sanftheit und Güte das zu sehen, was ist. Statt dessen wird das grundlegende Mißverständnis verbreitet, daß wir versuchen sollten, besser zu sein, als wir bereits sind, daß wir versuchen sollten, uns zu bessern, daß wir versuchen sollten, uns von schmerzlichen Dingen fernzuhalten, und daß wir glücklich wären, wenn wir nur herausfinden könnten, wie man sich von den schmerzlichen Dingen fernhält. Das ist das unschuldige, naive Mißverständnis, an dem wir alle teilhaben, das uns alle unglücklich macht.

Bei der Meditation geht es darum, klar zu sehen, was für einen Körper wir haben, was für einen Geist wir haben, was für eine Familiensituation wir haben, was für eine Arbeit wir haben und was für Menschen wir in unserem Leben haben. Es bedeutet, zu sehen, wie wir auf all diese Dinge reagieren. Es bedeutet, unsere Gefühle und Gedanken zu sehen, wie sie in diesem Augenblick, in diesem Zimmer, auf diesem Stuhl sind. Es geht nicht darum, sie verschwinden zu lassen, besser zu werden, als wir sind, sondern nur darum, mit Präzision und Sanftheit klar zu sehen. Im Verlauf dieses Monats der Meditationspraxis werden wir damit arbeiten, Sanftheit und grundsätzliche Präzision zu kultivieren, nach und nach von der Engstirnigkeit loszulassen. Wir werden lernen, uns unseren Gedanken und Gefühlen und allen Menschen zu öffnen, denen wir in unserer Welt begegnen. Wir werden erkennen, wie wir unseren Verstand und unser Herz öffnen können.

Das hier ist kein Programm zur Selbstverbesserung; es geht nicht darum, daß man versucht, besser zu sein, als man bereits ist. Falls du leicht in Zorn gerätst und der Meinung bist, daß du damit dir selbst und anderen wehtust, könntest du die Hoffnung haben, daß das Sitzen in der Meditation eine Woche lang, einen Monat lang, dazu führt, daß dein Zorn sich auflöst – daß du so liebenswürdig wirst, wie du es schon immer sein wolltest. Nie wieder wird ein zorniges Wort über deine lilienweißen Lippen kommen. Das Problem ist aber, daß der Wunsch nach Selbstveränderung im Grunde eine Form von Gewalt gegen dich selbst ist. Ein weiteres Problem besteht darin, daß in unseren Macken, leider oder zum Glück, auch unser Reichtum steckt. Unsere Neurosen und unsere Weisheit sind aus dem gleichen Stoff geschneidert. Wenn du deine Neurose rauswirfst, wirfst du damit auch deine Weisheit über Bord. Jemand, der sehr zornig ist, hat auch sehr viel Energie; genau diese Energie ist das Saftige an diesem Menschen. Dafür lieben ihn die anderen. Es geht also nicht darum, deinen Zorn loszuwerden, sondern dich mit ihm anzufreunden, ihn mit Präzision und Ehrlichkeit, aber auch mit Sanftheit klar zu betrachten. Das bedeutet, daß du dich selbst deswegen nicht als schlechten Menschen verurteilst, aber auch, daß du dich nicht noch ermutigst und dir selbst vorsagst: »Es ist gut, daß ich so bin, es ist richtig, daß ich so bin. Die anderen sind alle schrecklich, und ich habe recht, die ganze Zeit so wütend auf sie zu sein.« Die Sanftheit, um die es hier geht, bewirkt, daß man den Zorn nicht unterdrückt, ihn aber auch nicht ausagiert. Gleichzeitig ist sie auch etwas viel Weicheres und Offeneres. Sie hat damit zu tun, daß man lernt, das Gefühl des Zornes und das Wissen darum, wer man ist und was man tut, loszulassen, sobald man es voll anerkannt hat. Du kannst vom üblichen Drama, das mit dem Zorn einhergeht, loslassen und allmählich klarer sehen, wie du das Ganze am Laufen hältst. Ob es sich also um Zorn oder Begierde oder Eifersucht oder Angst oder Depression oder welches Gefühl auch immer handelt, die Idee ist, nicht zu versuchen es loszuwerden, sondern damit Freundschaft zu schließen. Das bedeutet, es gründlich kennenzulernen, und zwar mit einer Art Sanftheit, und es dann, nachdem man es vollständig erfahren hat, loszulassen.

Die Meditationstechnik, die wir verwenden, kultiviert von sich aus Präzision, Sanftheit und die Fähigkeit loszulassen –

Eigenschaften, die uns schon jetzt innewohnen. Es sind keine Qualitäten, die wir neu erwerben müssen, sondern welche, die wir in uns entfalten, kultivieren, neu entdecken können. An dieser Stelle möchte ich die Meditationstechnik näher erläutern und darauf hinweisen, wie sie bei der Entfaltung dieser Qualitäten behilflich sein kann.

Präzision

Die Technik besteht darin, erstens eine gute Sitzhaltung einzunehmen und zweitens auf das Ausatmen zu achten. Es geht um das ganz normale Ausatmen, ohne es in irgendeiner Weise zu lenken oder zu manipulieren. Sei mit dem Atem, während er hinausströmt, spüre, wie der Atem hinausströmt, berühre den Atem, wie er hinausströmt. Das klingt einfach, aber wirklich dabei zu bleiben, und zwar bei jedem Atemzug, erfordert sehr viel Präzision. Wenn du dich zum Meditieren hinsetzt, fördert die Tatsache, daß du immer wieder zum Ausatmen zurückkehrst, die Präzision, die Klarheit und die Genauigkeit deines Geistes. Die bloße Tatsache, daß du immer wieder dazu zurückkehrst und auf sanfte Weise versuchst, bei diesem Atemzug zu bleiben, so vollständig du kannst, schärft deinen Geist.

Der dritte Bestandteil dieser Technik besteht darin, daß du dir, sobald du erkennst, daß du durch Gedanken abgelenkt wirst, innerlich sagst: »Denken.« Benenne es mit diesem Etikett, weil es so präzise ist. Stelle einfach fest, daß du mit Gedanken beschäftigt warst, nur das, nicht mehr und nicht weniger, einfach nur »Denken«. Durch die Konzentration auf das Ausatmen wird die Präzision deines Geistes kultiviert, und durch das Benennen wird ebenfalls die Präzision gefördert. Der Geist wird klarer und stabiler. Während du sitzt, möchtest du dir dessen vielleicht gewahr sein.

Sanftheit

Würden wir nur die Präzision betonen, so bekäme unsere Meditation unter Umständen etwas sehr Hartes und Militantes. Sie könnte möglicherweise allzu zielorientiert werden. Deshalb betonen wir auch die Sanftheit. Sehr hilfreich ist es, ein allgemeines Gefühl der Entspannung zu kultivieren, während man die Meditationsübung durchführt. Ich glaube, du wirst mit zunehmender Achtsamkeit und Wachheit feststellen, daß deine Bauchmuskulatur und deine Schultern sich oft sehr stark verspannen. Es hilft sehr viel, wenn du das wahrnimmst und dann bewußt deinen Bauch, deine Schultern und deinen Nacken entspannst. Falls es dir schwer fällt, dich zu entspannen: Arbeite einfach immer wieder daran, mit Geduld und mit Sanftheit.

Indem wir auf das Ausströmen unseres Atems achten, entwickeln wir nicht nur die Präzision unseres Geistes, sondern wir fördern auch diese uns angeborene Sanftheit, diese Qualität von Gutherzigkeit oder Wärme oder Güte, denn das Achten auf die Ausatmung ist etwas sehr Weiches. Würden wir eine Technik anwenden, die uns anweisen würde: »Konzentriere dich auf das Ausatmen, richte deine hundertprozentige Aufmerksamkeit auf die Ausatmung« (und es gibt solche Techniken, die sehr förderlich sind), würden wir damit zwar die Präzision kultivieren, nicht aber die Sanftheit. Da es aber bei dieser Technik um die Entfaltung nicht nur der Präzision, sondern auch der Sanftheit geht, lautet die Anweisung, daß man lediglich ein Viertel der Aufmerksamkeit auf die Ausatmung richten soll, was nun wirklich sehr wenig ist. Die Wahrheit ist nämlich, daß man, wenn man sich nur auf die Ausatmung und auf sonst nichts anderes konzentriert, die Dinge, die einen umgeben, den Menschen, der neben einem sitzt, die Lichter, die an- und ausgehen, das Rauschen des

Meeres, nicht mehr wahrnimmt. Da aber bei dieser Technik die Augen geöffnet sind und der Blick nicht starr ist, da die ganze Betonung der Übung auf Offenheit liegt, schließt man nicht alles andere aus, was sich gleichzeitig ereignet. So ist nur etwa ein Viertel des Gewahrseins bei der Ausatmung. Das andere Gewahrsein ist weniger spezifisch; es beinhaltet schlicht und einfach, daß man hier in diesem Zimmer gegenwärtig ist mit all den verschiedenen Dingen, die sich hier abspielen. Deshalb geben wir die Anweisung: »Achte auf deine Ausatmung, werde eins mit der Ausatmung«, und das machst du dann. Die zusätzliche Anweisung, daß man dafür nur ein Viertel des Gewahrseins aufzuwenden braucht, weist darauf hin, daß es sich hierbei nicht um eine Konzentrationsübung handelt – die Berührung des Atems, wie er ein- und ausströmt, ist sehr leicht. Berühre den Atem und lasse ihn dann gehen. Die Berührung hat mit Präzision zu tun und auch mit Weichheit. Berühre ihn sehr sanft und lasse ihn gehen.

Wäre der Gegenstand der Meditation etwas Konkretes, etwas Sichtbares und Greifbares, wie etwa ein Bild, eine Statue, ein Punkt auf dem Boden, eine Kerze, dann käme das Ganze viel eher einer Konzentrationsübung gleich. Der Atem ist aber sehr schwer faßbar. Auch wenn man seine volle Aufmerksamkeit auf ihn richten wollte, wäre es schwierig, weil der Atem so flüchtig, so leicht, so luftig und geräumig ist. Es ist, als wolle man auf eine sanfte Brise aufmerksam werden, nur handelt es sich in diesem Fall um unsere ganz normale, ungezwungene Ausatmung. Diese Technik mit dem Atem wird als ohne Ziel bezeichnet. Man macht es nicht, um irgendein Ziel zu erreichen, außer völlig gegenwärtig zu werden. Völlig gegenwärtig zu sein, ist kein Zustand, den man einmal erreicht und fortan für alle Zeiten besitzt; es bedeutet vielmehr, wach zu sein für die Ebbe und Flut, die Bewegung, die Schöpfung des Lebens, aufmerksam zu sein für den Prozeß des Lebens selbst. Das ist auch mit einer Art von Weichheit verbunden. Ginge es um ein Ziel, das zu erreichen wäre, wie zum Beispiel »keine Gedanken«, so wäre das nicht sehr weich. Man müßte sehr stark kämpfen, um sich von allen Gedanken zu befreien, und wahrscheinlich würde man es doch nicht schaffen. Die Tatsache, daß kein Ziel zu erreichen ist, verstärkt die Weichheit.

Der Augenblick, in dem man die eigenen Gedanken mit »Denken« etikettiert, ist hier wahrscheinlich die Schlüsselstelle, an der man Sanftheit, Mitgefühl und liebende Zuwendung kultivieren kann. Rinpoche sagte früher immer: »Beobachte den Ton, den du benutzt, wenn du zu dir selbst ›Denken‹ sagst.« Möglicherweise ist er sehr hart, und dahinter steckt die Botschaft: »Menschenskind! Du warst schon wieder in Gedanken versunken, verdammt nochmal. Dummes Huhn!« Oder vielleicht lautet sie gar: »Du Versager, das schaffst du überhaupt nicht mit dem Meditieren, es ist hoffnungslos mit dir.« Darum geht es aber gar nicht. Du hast es einfach nur gemerkt. Bravo, du hast es tatsächlich gemerkt! Du hast gemerkt, daß der Verstand ständig mit Gedanken beschäftigt ist, und es ist toll, daß du es gesehen hast. Nachdem du es gesehen hast, läßt du die Gedanken los. Sage: »Denken.« Wenn du beobachtest, daß du hart bist mit dir selbst, sage es ein zweites Mal, nur um das Gefühl zu kultivieren, daß du es dir mit Sanftheit und Güte sagen könntest, mit anderen Worten, daß du eine urteilsfreie Einstellung kultivierst. Du übst keine Selbstkritik, du siehst einfach nur das, was ist, und zwar mit Präzision und Sanftheit; du siehst das Denken als Denken. Deshalb wird durch diese Technik nicht nur Präzision, sondern auch Weichheit, Sanftheit, ein Gefühl der Wärme sich selbst gegenüber kultiviert. Die Ehrlichkeit der Präzision und die Gutherzigkeit der Sanftheit sind Eigenschaften, die man gut brauchen kann, wenn man Freundschaft mit sich selbst schließt. Deshalb solltest du bei dieser Übung nicht nur so präzise sein, wie du nur kannst, sondern wirklich auch besonderen Nachdruck auf die Sanftheit legen. Falls du spürst, wie dein Körper sich anspannt, entspanne ihn. Falls du beobachtest, wie dein Geist sich verkrampft, entkrampfe ihn. Spüre die Ausweitung des Atems, wie er sich in den Raum verströmt. Wenn Gedanken auftauchen, berühre sie ganz leicht, wie eine Feder, die eine Seifenblase berührt. Lasse die ganze Übung weich und sanft sein, doch präzise zugleich.

Loslassen

Der dritte Aspekt der Meditationstechnik ist die Qualität des Öffnens oder Loslassens. Diese scheinbar einfache Technik hilft uns, diese Fähigkeit, die wir bereits besitzen, wiederzuentdecken, die Engstirnigkeit zu überwinden und jede Fixierung oder eingeschränkte Sichtweise loszulassen. Präzision und Sanftheit sind wenigstens ein bißchen handfest. Man kann daran arbeiten, mit der Ausatmung oder mit dem Benennen präziser zu sein. Man kann den Bauch und die Schultern und den Körper entspannen, und man kann mit der Ausatmung sanfter, mit dem Benennen mehr mitfühlend sein. Mit dem Loslassen ist es aber nicht so einfach. Das Loslassen ist nämlich ein Zustand, den man über die Arbeit an der Präzision und an der Sanftheit erreicht. Mit anderen Worten, indem man daran arbeitet, der Meditationstechnik wirklich treu zu bleiben und so präzise und gleichzeitig auch so sanft zu sein, wie man nur kann, wird einem offenbar die Fähigkeit zum Loslassen einfach zuteil. Die Entdeckung dieser Fähigkeit taucht spontan auf; sie wird nicht erzwungen. Präzision und Sanftheit sollten auch nicht erzwungen werden, aber während es denkbar wäre, sich die Präzision oder die Sanftheit als

Projekt vorzuknöpfen, ist es äußerst schwierig, mit dem Loslassen so zu verfahren. Ich werde dennoch beschreiben, wie die Technik uns dazu verhilft, diese Fähigkeit des Loslassens und des Öffnens neu zu entdecken.

Vielleicht hast du dich schon gefragt, weshalb wir auf die Ausatmung achten, und nur auf die Ausatmung. Wieso achten wir nicht auf die Ausatmung *und* die Einatmung? Es gibt andere hervorragende Techniken, die den Meditierenden dazu anleiten, seine Achtsamkeit sowohl auf die Ausatmung als auch auf die Einatmung zu richten. Das schärft ohne jeden Zweifel den Geist und verleiht ihm eine gesammelte, durchgängige Aufmerksamkeit ohne jeden Bruch. Bei dieser Meditationstechnik verweilen wir aber bei der Ausatmung; es gibt keine spezielle Anweisung darüber, was wir bis zur nächsten Ausatmung tun sollten. Diese Technik beruht auf der Fähigkeit, am Ende des Ausatmens loszulassen, sich zu öffnen, denn für eine kurze Zeit gibt es keine Anweisung darüber, was wir tun sollten. Es besteht die Möglichkeit dessen, was Rinpoche früher als die »Lücke« am Ende des Ausatmens bezeichnete: Du achtest auf deinen Atmen, während er hinausströmt, und dann gibt es eine Pause, während er wieder einströmt. Es ist, als ob du... kurz Pause machst. Es hilft nicht, sich zu sagen: »Du sollst nicht auf das Einatmen achten.« Das ist, als würde man sich sagen: »Du sollst nicht an einen rosa Elefanten denken.« Wenn man angewiesen wird, auf etwas *nicht* zu achten, wird es zu einer Zwangsvorstellung. Dennoch richtet sich die Achtsamkeit auf die Ausatmung, und es ist ein Gefühl da, einfach nur auf die nächste Ausatmung zu warten, ein Gefühl, nichts vorzuhaben. Man könnte am Ende des Ausatmens einfach loslassen. Der Atem strömt aus und löst sich auf, und man könnte das Gefühl haben, vollkommen loszulassen. Nichts, woran man sich festhält, bis zur nächsten Ausatmung.

Auch wenn es schwierig ist: Indem man anfängt, daran zu arbeiten, daß man seine Aufmerksamkeit auf die Ausatmung richtet, dann die Pause macht, einfach nur wartet, dann wieder auf die nächste Ausatmung achtet, dämmert einem langsam das Gefühl, loslassen zu können. Du solltest also keine allzu hohen Erwartungen haben – führe einfach nur die Technik aus. Und während die Monate und Jahre vergehen, wird deine Art, die Welt zu betrachten, sich nach und nach ändern. Du wirst lernen, was es bedeutet loszulassen und was es heißt, sich über engstirnige Einstellungen und Vorstellungen hinwegzusetzen.

Die Erfahrung des Benennens deiner Gedanken mit dem Wort »Denken« wird ebenfalls mit der Zeit lebendiger. Du bist vielleicht voll und ganz in einer Phantasie verfangen, mit Erinnerungen an die Vergangenheit oder Plänen für die Zukunft beschäftigt, völlig entrückt, als ob du in ein Flugzeug gestiegen und irgendwo hingeflogen wärest. Du bist anderswo, mit anderen Menschen zusammen, hast eben ein Zimmer neu eingerichtet oder ein angenehmes oder unangenehmes Erlebnis wieder durchlebt oder bist voll Sorgen wegen einer Sache, die möglicherweise eintreten könnte, oder freust dich in Gedanken auf eine andere Sache, die eintreten könnte, aber du bist voll damit beschäftigt, wie in einem Traum. Dann merkst du es plötzlich und kommst einfach zurück. Es passiert automatisch. Du sagst dir: »Denken«, und indem du es sagst, läßt du praktisch diese Gedanken los. Du unterdrückst die Gedanken nicht. Du erkennst sie sehr klar und sehr sanft als »Denken« an, aber dann läßt du sie los. Sobald du anfängst, damit zurechtzukommen, verleiht es unglaublich viel Kraft, daß man völlig fixiert sein konnte auf Hoffnungen und Ängste und alle möglichen anderen Gedanken und – ohne es zu kritisieren – erkennen konnte, was man tut, und es dann einfach losläßt. Das ist wahrscheinlich eines der erstaunlichsten Werkzeuge, das man besitzen kann, die Fähigkeit, Dinge einfach loszulassen, nicht in die Gewalt der eigenen zornigen oder leidenschaftlichen oder besorgten oder traurigen Gedanken zu geraten und sich davon einfangen zu lassen.

Die Weisheit des Nicht-Ausweichen-Könnens

Gestern sprach ich von der Kultivierung von Präzision, Sanftheit und Offenheit. Dabei beschrieb ich, wie die Meditationstechnik uns hilft, uns bestimmte Qualitäten ins Gedächtnis zu rufen, die wir bereits besitzen. Nun wird in den Lehren manchmal besonderer Nachdruck auf die Weisheit, die Brillanz oder die geistige Klarheit gelegt, die wir ebenfalls besitzen, und manchmal stehen eher die Hindernisse im Vordergrund – wie es dazu kommt, daß wir uns fühlen wie in einem kleinen, dunklen Raum eingefangen. Es ist eben wie mit den zwei Seiten einer Münze: Zusammen genommen ergeben Inspiration (oder Wohlergehen) und Belastung (oder Leid) eine umfassende Beschreibung des menschlichen Zustands. Das sehen wir, wenn wir meditieren.

Wir sehen, wie wunderschön und herrlich und erstaunlich alles ist, und wir sehen, wie gefangen wir sind. Nicht, daß die eine Seite das Schlechte und die andere das Gute darstellt. Es ist vielmehr so, daß das Ganze eine interessante, übelriechende, üppige, fruchtbare Masse ergibt. Wenn es alles zusammengemixt ist, können wir darin uns selbst erkennen: die Menschlichkeit an sich. Deswegen sind wir auch hier, um das Ganze für uns selbst zu erkennen. Glanz und Elend sind beide ständig da; sie sind unzertrennlich miteinander verflochten. Für ein völlig erleuchtetes Wesen ist es sehr schwer, den Unterschied zwischen Neurose und Weisheit zu erkennen, denn irgendwie ist die Energie, die beiden zugrundeliegt, die gleiche. Die essentielle schöpferische Energie des Lebens – die Lebenskraft – sprudelt hoch und strömt durch alles Lebendige. Sie kann als offen, frei, unbelastet, voller Möglichkeiten und kräftigend erlebt werden. Die gleiche Energie kann aber auch als kleinlich, engstirnig, festgefahren und gefangen erlebt werden. Obwohl es so viele Lehren, so viele Meditationstechniken, so viele Anweisungen gibt, geht es letztendlich darum, einfach nur zu lernen, mit sich selbst extrem ehrlich darüber zu sein, was im eigenen Geist vorgeht, und sich all dem auch von ganzem Herzen hinzugeben – allen Gedanken, Gefühlen, körperlichen Empfindungen und so weiter, die sich zu dem zusammenfügen, was wir unser »Ich« nennen. Keiner außer dir kann wirklich auseinandersortieren, welche Dinge du akzeptieren und welche du zurückweisen sollst im Zusammenhang damit, was dich zum Leben erweckt und was dich einschläfert. Keiner kann dir sagen, was du akzeptieren sollst – was deine Welt öffnet – und was du zurückweisen sollst – was dich in einem endlosen Kreislauf des Leidens gefangenzuhalten scheint. Diese Meditationsart wird nicht-theistisch genannt, und das hat nichts damit zu tun, ob man an Gott glaubt oder nicht, sondern es bedeutet einfach nur, daß niemand außer dir selbst dir sagen kann, was du akzeptieren und was du zurückweisen solltest.

Die Praxis der Meditation hilft uns, diese essentielle Lebenskraft sehr gut kennenzulernen, und zwar mit großer Ehrlichkeit und Warmherzigkeit. Dann beginnen wir, für uns selbst herauszufinden, was für uns Gift und was ein Heilmittel ist, und das ist für jeden unterschiedlich. Manche Menschen können zum Beispiel viel Kaffee trinken und werden davon richtig wach und fühlen sich blendend; andere trinken einen Fingerhut voll und sind danach ein Wrack. Alles, was wir essen, wirkt sich auf jeden von uns unterschiedlich aus; und das gilt auch für den Umgang mit unseren eigenen Lebensenergien. Nur wir können wissen, was uns zum Leben erweckt und was uns einschläfert. Und so sitzen wir auf diesen roten Kissen in diesem hell erleuchteten Raum mit diesem schicken bunten Schrein und diesem riesigen Bild des Karmapa. Draußen fällt der Schnee, und der Wind heult. Wir sitzen hier Stunde für Stunde und kehren einfach, so weit wir können, zum gegenwärtigen Augenblick zurück, bekennen uns zu dem, was sich in unserem Geist abspielt, kehren, soweit wir können, zum gegenwärtigen Augenblick zurück, bekennen uns zu dem, was sich in unserem Geist abspielt, gehen der Ausatmung nach, benennen unsere Gedanken als »Denken«, kehren zum gegenwärtigen Augenblick zurück, bekennen uns zu dem, was sich in unserem Geist abspielt. Die Anweisung lautet, im ganzen Prozeß so ehrlich und warmherzig wie möglich zu sein, nach und nach zu lernen, was es bedeutet, vom Festhalten und Zurückhalten loszulassen.

Die hierin enthaltene Botschaft lautet, daß jeder von uns alles Erforderliche hat, um zur Erleuchtung zu gelangen. Wir haben essentielle Energie, die uns durchflutet. Manchmal äußert sie sich als Brillanz, und manchmal äußert sie sich als Verwirrung. Da wir anständige, grundsätzlich gute Menschen sind, können wir selbst auseinandersortieren, was wir akzeptieren und was wir zurückweisen sollen. Wir können unterschciden, was uns zu vollständigen, geistig gesunden, erwachsenen Menschen werden lassen wird, und was – falls wir zu sehr darin verstrickt sind – uns ein Leben lang am Reifen hindern wird. Das ist der Prozeß, mit sich selbst und unserer Welt Freundschaft zu schließen. Er umfaßt nicht nur die Teile, die wir mögen, sondern das ganze Bild, weil das Ganze viele Lehren für uns bereithält.

Freude

Vor fast einem Jahr kam eine liebe Freundin von uns, Schwester Ayya Khema, eine Deutsche, die als Theravada-Nonne in Sri Lanka lebt, um uns zu besuchen und eine Meditationswoche über die Technik des *vipashyana* (Einsichtsmeditation) zu leiten. Für mich persönlich war diese Meditationswoche eine Art Offenbarung, weil die Schwester dabei die Freude in den Vordergrund stellte. Bis dahin hatte ich nicht erkannt, wie sehr ich in meiner Meditationspraxis das Leiden betont hatte. Ich hatte mich darauf konzentriert, mit den unangenehmen, unannehmbaren, peinlichen und schmerzhaften Dingen fertigzuwerden, die ich immer wieder mache. Dabei hatte ich aber auf subtile Weise die Freude vergessen.

Während unserer Meditationswoche, die wir im Schweigen zubrachten, lehrte uns Ayya Khema, daß jeder von uns eine Freude in seinem Herzen trägt, die uns zugänglich ist. Indem wir uns damit verbinden und sie erblühen lassen, erlauben wir uns selbst, unsere Praxis und unser Leben zu zelebrieren. Freude ist wie ein sanfter Frühlingsregen, der es uns ermöglicht, leichter zu werden, uns zu vergnügen, und deshalb handelt es sich hier um eine völlig neue Art, das Leiden zu betrachten.

In einem Büchlein mit dem Titel *Der Geruch von frisch geschnittenem Gras. Eine Anleitung zur Gehmeditation* schreibt Thich Nhat Hanh im Kapitel »Die Welt beinhaltet alle Wunder des Reinen Landes«: »Ich glaube nicht, daß alle Buddhas und Bodhisattvas der Drei Zeiten mich kritisieren werden, wenn ich euch ein kleines Geheimnis verrate, nämlich daß es nicht nötig ist, irgendwo anders hinzugehen, um die Wunder des Reinen Landes zu finden.« Dieses Gefühl des

Staunens und Entzückens ist in jedem Augenblick, in jedem Atemzug, jedem Schritt, jeder Bewegung unseres eigenen, alltäglichen Lebens gegenwärtig, wenn wir nur den Zugang dazu finden können. Das größte Hindernis, das unserer Verschmelzung mit der Freude im Wege steht, ist der Groll.

Freude hat etwas damit zu tun, daß man sieht, wie groß, wie gänzlich unbehindert und wie kostbar die Dinge sind. Wenn man voller Groll ist auf alles, was einem widerfährt, und ständig über das eigene Leben lamentiert, ist es, als wenn man sich weigern würde, beim Morgenspaziergang die wilden Rosen zu riechen; es heißt, so blind zu sein, daß man einen riesigen schwarzen Raben nicht sieht, der sich auf den Baum setzt, unter dem man gerade sitzt. Wir können in unserem persönlichen Schmerz oder unseren Sorgen so verfangen sein, daß wir nicht bemerken, daß ein starker Wind heraufgezogen ist oder daß jemand Blumen auf den Eßtisch gestellt hat oder daß, als wir heute morgen hinausgingen, die Fahnen noch nicht hochgezogen waren, und als wir wiederkamen, sie stolz wehten. Groll, Bitterkeit und Ressentiments hindern uns daran, zu sehen, zu hören, zu schmecken und uns zu erfreuen.

Es gibt eine Geschichte von einer Frau, die von Tigern gejagt wird. Sie rennt und rennt, und die Tiger rücken immer näher. Am Rande einer Klippe angekommen, sieht sie dort ein paar Schlingpflanzen, und so klettert sie hinunter und hält sich an den Schlingpflanzen fest. Beim Hinunterschauen sieht sie, daß die Tiger auch unter ihr sind. Dann stellt sie fest, daß eine Maus an der Schlingpflanze nagt, an der sie sich festhält. Gleichzeitig sieht sie aber auch eine wunderschöne kleine Erdbeerpflanze, die ganz in ihrer Nähe aus einem Büschel Gras wächst. Sie schaut hinauf, sie schaut hinunter. Sie schaut auf die Maus. Dann nimmt sie einfach eine Erdbeere, steckt sie in den Mund und genießt sie voll und ganz.

Tiger von oben, Tiger von unten. Das ist in Wirklichkeit die mißliche Lage, in der wir uns stets befinden, was unsere Geburt und unseren Tod betrifft. Jeder Augenblick ist einfach nur das, was er ist. Es könnte der einzige Augenblick unseres Lebens sein, die einzige Erdbeere, die wir je essen werden. Wir könnten uns deswegen deprimieren lassen, oder wir könnten es endlich schätzen lernen und uns an der Kostbarkeit eines jeden einzelnen Augenblicks unseres Lebens erfreuen.

Trungpa Rinpoche sagte früher immer: »Das schaffst du.« Das war wahrscheinlich eine seiner wichtigsten Lehren: »Das schaffst du.« In seiner *Anleitung zur Gehmeditation* spricht Thich Nhat Hanh darüber, daß jeder von uns eine schwere Last mit sich herumträgt, und wenn wir uns davon befreien wollen, wenn wir sie niederlegen wollen, *können* wir es schaffen. Wir *können* den Zugang zu der Freude in unseren Herzen finden.

An einem Schweigetag wie heute, wo alles sehr still ist, wird man vielleicht beobachten, daß man sich grimmig fühlt und alles mit diesem grimmigen Gesichtsausdruck macht: grimmig die Tür aufmacht, grimmig den Tee trinkt, sich so fest darauf konzentriert, ruhig und still zu sein und sich langsam zu bewegen, daß man sich elend fühlt. Man könnte sich aber auch einfach nur entspannen und erkennen, daß jenseits aller Sorgen, Klagen und Mißbilligung, die in unserem Kopf herumschwirren, die Sonne jeden Tag morgens aufgeht, sich über den Himmel bewegt und abends wieder untergeht. Die Vögel sind immer da draußen, sammeln ihr Futter, bauen ihre Nester und fliegen über den Himmel. Das Gras wird immer vom Wind durchweht oder steht still. Nahrung und Blumen und Bäume wachsen aus der Erde heraus. Es ist eine unglaubliche Fülle da. Du könntest deine Leidenschaft fürs Leben, deine Neugierde und dein Interesse entwickeln. Du könntest dich mit deinem Gefühl der Freude verbinden. Du könntest jetzt sofort damit anfangen.

Die Navajos bringen ihren Kindern bei, daß jeden Morgen, wenn die Sonne aufgeht, eine nagelneue Sonne da ist. Sie wird jeden Morgen geboren, lebt für die Dauer eines Tages, und abends vergeht sie und kehrt nie wieder. Sobald die Kinder groß genug sind, um zu verstehen, gehen die Erwachsenen bei Sonnenaufgang mit ihnen hinaus und sagen: »Die Sonne hat nur einen Tag. Du mußt diesen Tag gut zubringen, damit die Sonne keine kostbare Zeit verschwendet.« Die Kostbarkeit jedes einzelnen Tages anzuerkennen, ist eine gute Art zu leben, eine gute Art, wieder Zugang zu unserer grundlegenden Freude zu finden.

Aus einer weiteren Perspektive betrachten

Als ich heute morgen zur Meditation kam, hatte ich Hunger und war müde; ich war aber auch glücklich. Als wir den Morgenspaziergang machten, fühlte ich mich noch glücklicher, und ich begriff, daß mein Glücksgefühl mit einer Sache zusammenhing, die mit uns passiert, wenn wir üben: Wir stellen fest, daß wir unser Leben aus einer weiteren Perspektive heraus betrachten. Das fühlt sich fast wie ein Segen oder ein Geschenk an.

In vielen Traditionen, darunter auch dem tibetischen Buddhismus, ist der Kreis ein kraftvolles Symbol für das Heilige in allen Dingen. Sämtliche dieser Traditionen kennen Rituale, in denen das Kreissymbol folgendermaßen verwendet wird: Indem man um sich herum einen Kreis zieht und sich in den Mittelpunkt des Kreises stellt, erkennt man, daß man stets im Mittelpunkt des Universums ist. Der Kreis, der einen umgibt, zeigt einem, daß man immer im heiligen Bezirk steht.

Im Buddhismus sprechen wir von Achtsamkeit und Gewahrsein. Achtsamkeit lernen wir durch *oryoki* und durch das Verbeugen, durch das Achten auf den Atem und das Benennen unserer Gedanken mit dem Wort »Denken«. Es wird dabei viel Präzision aufgewendet, aber auch viel Sanftheit. Neben dieser großen Präzision in der Betrachtung unserer Welt gibt es auch einen Raum um uns, der Sanftheit genannt wird: Wir gestatten uns, zu erleben, wie groß und fließend und farbenprächtig und kraftvoll unsere Welt ist. Dieser Raum ist unser Kreis.

Wenn wir über Achtsamkeit und Gewahrsein sprechen, denken wir dabei nicht an etwas Strenges, an eine Disziplin, der wir uns unterziehen, damit wir uns am Riemen reißen, bessere Menschen werden, gerader stehen und besser riechen. Es geht eher darum, daß wir ein Gefühl der liebenden Zuwendung üben, und zwar auch in bezug auf Mikrofone und *oryoki*-Schüsseln und unsere Hände und uns gegenseitig und diesen Raum und alle Türen, durch die wir ein- und ausgehen. Achtsamkeit heißt, alle Details unseres Lebens zu lieben, und Gewahrsein ist der natürliche Vorgang, der sich daraus ergibt: Das Leben beginnt, sich zu erweitern, und du erkennst, daß du immer im Mittelpunkt der Welt stehst.

Einige von euch haben vielleicht das Buch *Schwarzer Elch: Ich rufe mein Volk* gelesen, in dem ein alter Prärie-Indianer davon berichtet, wie er als Neunjähriger eine große Vision hatte. Er wurde so krank, daß alle ihn tot glaubten. Er lag eine Woche oder länger im Koma, und während dieser Zeit wurde ihm gezeigt, daß die heilige Lebensart, die sein Volk pflegte, verlorengehen würde. Ihm wurde auch gezeigt, was er tun könne, damit sie nicht gänzlich verlorengeht. In diesem Koma wurde er zum Gipfel des Harney Peak in den Black Hills von Dakota geführt, den die Ureinwohner der Vereinigten Staaten als Mittelpunkt der Welt betrachten. Doch nachdem er zum Harney Peak geführt worden war und diese große Vision erhalten hatte, sagte Schwarzer Elch, hätte er erkannt, daß überall der Mittelpunkt der Welt sei. Im Grunde ist überall, wo bist, der Mittelpunkt der Welt. Du stehst immer mitten im heiligen Bezirk, immer im Mittelpunkt des Kreises.

Leute sagen oft: »Das mit der Meditation ist alles schön und gut, aber was hat sie mit meinem Leben zu tun?« Was sie mit deinem Leben zu tun hat, ist, daß du durch diese einfache Übung der Achtsamkeit – deinen Worten und Taten und den Regungen deines Geistes liebende Zuwendung zu schenken – unter Umständen zu erkennen beginnst, daß du stets im Mittelpunkt eines heiligen Kreises stehst und daß dieser Kreis dein ganzes Leben ist. Dieser Raum ist nicht der heilige Kreis. Gampo Abbey ist nicht der heilige Kreis. Wo du auch immer hingehst, für den Rest deines Lebens, bist du immer in der Mitte des Universums, und der Kreis ist immer um dich herum. Jeder, der zu dir hinkommt, tritt in diesen heiligen Bezirk ein, und das ist kein Zufall. Alles, was in diesen Raum tritt, ist dort, um dich etwas zu lehren.

Aufgrund meiner Erfahrungen mit dem Buddhismus und meiner tiefen Gefühle der Liebe und Achtung meinen Lehrern und den Lehren und Praktiken gegenüber, sehe ich nun, daß es gut ist, bei einem »Fahrzeug« zu bleiben und darin immer tiefer zu gehen. Doch indem ich dies getan habe, habe ich gleichzeitig auch das Heilige in der Weisheit aller Menschen erkannt und gesehen, daß die Menschen auf vielen verschiedenen Wegen dieselben Wahrheiten entdecken. Die Meditation beginnt, dein Leben zu öffnen, so daß du nicht im Eigeninteresse gefangen bleibst und dir nur wünscht, daß das Leben so laufen möge, wie du es willst. In diesem Zustand erkennst du nicht mehr, daß du am Mittelpunkt der Welt bist, daß du in der Mitte eines heiligen Kreises stehst, weil du so sehr mit deinen eigenen Sorgen, Schmerzen, Einschränkungen, Wünschen und Ängsten beschäftigt bist, daß du blind bist für die Schönheit der Existenz. Wenn du auf diese Weise gefangen bist, kannst du nur Elend erfahren und einen großen Groll hegen im Hinblick auf das Leben als solches. Wie seltsam! Das Leben ist ein solches Wunder, und doch empfinden wir oft nur Unmut und Groll darüber, wie es für uns im Moment gerade läuft.

Es war einmal eine Frau, die war arrogant und hochmütig. Sie beschloß, daß sie zur Erleuchtung gelangen wollte, und so fragte sie alle Wissenden, wie sie es anstellen sollte. Einer sagte: »Nun, wenn du auf den Gipfel dieses sehr hohen Berges kletterst, wirst du dort eine Höhle finden. In dieser Höhle sitzt eine sehr weise alte Frau, sie wird es dir sagen.« Also dachte die Frau: »Gut, das mache ich. Für mich ist das Beste gerade gut genug.« Nachdem sie durch große Härten gegangen war, fand sie endlich diese Höhle, und siehe da, dort saß tatsächlich die sehr sanfte, spirituell wirkende alte Frau, die in weiße Gewänder gehüllt war und sie glückselig anlächelte. Von Ehrfurcht und Respekt überwältigt, warf sich die Suchende zu den Füßen dieser Frau nieder und sagte: »Ich will zur Erleuchtung gelangen. Zeige mir, wie.« Die weise Frau schaute sie mit ihrem seligen Lächeln an und sagte: »Bist du sicher, daß du zur Erleuchtung gelangen willst?« Und die Frau antwortete: »Natürlich bin ich sicher.« Woraufhin die lächelnde Frau sich in eine Dämonin verwandelte, aufstand und, einen riesengroßen Stock schwingend, auf sie losging mit den Worten: »Jetzt! Jetzt! Jetzt!« Für den Rest ihres Lebens konnte diese Frau sich nicht mehr von dem Dämon befreien, der immer »Jetzt!« brüllte.

Rinpoche sprach sehr oft von der »Jetztheit«. Die Kapitel »Jetztheit« und »Die Entdeckung des Magischen« in seinem Buch *Das Buch vom meditativen Leben: Die Shambhala-Lehren vom Pfad des Kriegers zur Selbstverwirklichung im täglichen Leben* handeln genau von dem, worüber ich hier spreche. Wenn du zur Erleuchtung gelangen willst, mußt du es *jetzt* machen. Bist du arrogant und dickköpfig, dann braucht es vielleicht jemanden, der mit einem Stock hinter dir her ist. Doch je mehr du dein Herz öffnest, um so mehr schließt du Freundschaft mit deinem Körper, deinen Worten, deinem Geist und der Welt, die in deinem Kreis ist – deiner Familiensituation, den Menschen, mit denen du zusammenlebst, dem Haus, in dem du jeden Tag frühstückst; um so mehr schätzt du es, daß Wasser fließt, wenn du den Hahn aufdrehst. Falls du je ohne fließendes Wasser gelebt hast, schätzt du das wirklich. Es gibt alle möglichen Wunder. Alles ist so, einfach wundervoll.

Jetzt. Das ist der Schlüssel. Jetzt, jetzt, jetzt. Die Achtsamkeit lehrt uns, wach und lebendig, voller Neugier zu sein – auf was? Nun, auf *jetzt*, nicht wahr? Du sitzt in der Meditation, und die Ausatmung ist jetzt, und das Erwachen deiner Phantasien ist jetzt, und sogar die Phantasien sind jetzt, auch wenn sie dich in die Vergangenheit und in die Zukunft zu entführen scheinen. Je mehr du voll und ganz im *Jetzt* sein kannst, desto mehr erkennst du, daß du am Mittelpunkt der Welt bist, in der Mitte eines heiligen Kreises stehst. Es ist keine kleine Sache, ob du nun deine Zähne putzt oder dein Essen kochst oder auf dem Klo sitzt. Was auch immer du machst, du machst es jetzt.

Unser Lebenswerk besteht darin, das zu benutzen, was uns gegeben wurde, um aufzuwachen. Wenn es zwei Menschen gäbe, die genau gleich wären, den gleichen Körper, die gleiche Rede, den gleichen Geist, die gleiche Mutter, den gleichen Vater, das gleiche Haus, das gleiche Essen, alles gleich hätten, könnte der eine das benutzen, was er hat, um aufzuwachen, während der andere genau das gleiche benutzen könnte, um immer verärgerter, verbitterter und sauertöpfischer zu werden. Es ist völlig egal, was dir mitgegeben wurde, ob körperliche Behinderung oder großer Reichtum oder große Armut, ob Schönheit oder Häßlichkeit, geistige Stabilität oder Instabilität, ein Leben im Irrenhaus oder ein Leben inmitten einer friedlichen, stillen Wüste. Was auch immer dir mitgegeben wurde: Es kann dich aufwecken, oder es kann dich einschläfern. Das ist die Herausforderung des Jetzt: Was wirst du machen mit dem, was du bereits hast – deinem Körper, deiner Rede, deinem Geist?

Ich verrate jetzt etwas, was uns in diesem Augenblick sehr hilfreich sein kann. Das, was uns am meisten daran hindert, unser Leben von einer weiteren Perspektive aus zu sehen, ist, daß unsere Gefühle uns gefangenhalten und blind machen. Je mehr wir darauf aufmerksam werden, desto mehr erkennen wir: Wenn wir anfangen, uns zu ärgern oder uns selbst schlechtzumachen oder etwas so stark begehren, daß uns davon elend zumute wird, beginnen wir, uns zu schließen, die Welt um uns herum auszuschließen, als säßen wir am Rande des Grand Canyon, hätten den Kopf aber in einem großen, schwarzen Sack stecken.

Du kannst damit experimentieren. Man kann hier zu den Klippen über die Saint Lawrence-Bucht hinausgehen, und zunächst ist man immer ganz überwältigt: »Meine Güte! Es ist alles so riesig!« Und der Geist öffnet sich. Bleibt man aber lang genug dort stehen, wird man anfangen, sich über irgend etwas Sorgen zu machen. Dann erkennt man (falls man dies als Übung macht), daß es sich so anfühlt, als würde alles sich verschließen und sehr klein werden. Der Trick mit der Jetztheit besteht darin, daß du loslassen und dich wieder für diese Weite öffnen kannst. Das kannst du in jedem Augenblick, immer. Dazu mußt du aber schon Freundschaft schließen mit dir selbst. Du mußt deine Wut, deine Selbstverachtung, dein Wünschen und Begehren, deine Langeweile kennenlernen und mit all diesen Dingen Freundschaft schließen.

Es gibt eine andere Geschichte, die ihr vielleicht schon kennt, die damit zu tun hat, was wir Himmel und Hölle, Leben und Tod, gut und schlecht nennen. Sie handelt davon, daß diese Dinge nicht wirklich existieren, außer in unserer Vorstellung. Sie geht so: Ein großer, kräftiger Samurai kommt zu einem Weisen und sagt: »Erzähle mir vom Wesen des Himmels und der Hölle.« Der Roshi schaut ihm ins Gesicht und sagt: »Weshalb sollte ich einem ekelhaften, dreckigen, elendigen Widerling wie dir so etwas erzählen?« Der Samurai läuft rot an im Gesicht, seine Haare stehen zu Berge, doch der Roshi hört nicht auf, er redet immer weiter: »Glaubst du wirklich, ich sollte so einem elendigen Wurm wie dir etwas erzählen?« Wutentbrannt zieht der Samurai sein Schwert und will dem Roshi den Kopf abschlagen. Da sagt der Roshi: »Das ist die Hölle.« Der Samurai, der eigentlich ein sensibler Mensch ist, kapiert sofort, daß er soeben seine eigene Hölle geschaffen hat; er steckte tief in der Hölle. Sie war schwarz und heiß, voll Haß, Selbstschutz, Wut und Groll, so sehr, daß er kurz davor war, diesen Mann umzubringen. Tränen füllen seine Augen, er beginnt zu weinen und legt die Handflächen aneinander, und dann sagt der Roshi: »Das ist der Himmel.«

Es gibt keine Hölle und keinen Himmel, außer der Art und Weise, wie wir uns auf unsere Welt beziehen. Die Hölle ist lediglich ein Widerstand gegen das Leben. Wenn du zur Situation, in der du dich befindest, nein sagst, ist es in Ordnung, nein zu sagen, aber wenn du die Sache solange aufbauschst, bis du drauf und dran wärest, dein Schwert zu ziehen und jemandem den Kopf abzuschlagen – diese Art von Widerstand gegen das Leben ist die Hölle.

So wie wir üben, sagen wir nicht: »Die Hölle ist schlecht, und der Himmel ist gut« oder »Weg mit der Hölle, suche nur den Himmel.« Wir ermutigen uns vielmehr selbst dazu, unser Herz und unseren Geist aufzumachen für den Himmel, für die Hölle, für alles. Wieso? Weil wir nur dann erkennen können, daß wir, egal was kommt, immer am Mittelpunkt der Welt, in der Mitte des heiligen Bezirks stehen und daß alles, was in diesen Kreis tritt und dort mit uns existiert, gekommen ist, um uns das zu lehren, was wir zu lernen haben.

Die Arbeit des Lebens besteht darin aufzuwachen, so zu handeln, daß die Dinge, die in den Kreis treten, uns aufwekken, anstatt uns einzuschläfern. Dies kann man nur erreichen, indem man offen und neugierig wird und eine Art Mitgefühl entwickelt für alles, was sich uns präsentiert, indem man das Wesen dieser Dinge kennenlernt und versteht, was sie uns sagen wollen. Sie werden auf jeden Fall dableiben, bis du deine

Lektion gelernt hast. Du kannst aus deiner Ehe ausbrechen, du kannst deine Arbeit hinschmeißen, du kannst dich nur dort aufhalten, wo dich die Leute loben, du kannst deine Welt manipulieren, bis du blau anläufst in der Hoffnung, daß alles endlich immer glatt laufen möge, und doch werden die gleichen alten Dämonen immer wieder auftauchen, bis du endlich deine Lektion gelernt hast, die Lektion, die sie dir beibringen wollten. Dann werden dieselben Dämonen als freundliche, warmherzige Wegbegleiter erscheinen.

Daß ist also der Grund, warum ich heute morgen trotz meines Hungers und trotz meiner Müdigkeit auch sehr glücklich war. Und dafür möchte ich meine Dankbarkeit Trungpa Rinpoche gegenüber zum Ausdruck bringen.

Es gibt keine wahre Geschichte

Im Taoismus gibt es einen berühmten Spruch, der lautet: »Das Tao, das gesprochen werden kann, ist nicht das letztendliche Tao.« Man könnte die Bedeutung auch folgendermaßen ausdrücken, selbst wenn ich den Spruch nie so übersetzt gesehen habe: »Sobald man beginnt, an etwas zu glauben, sieht man nichts anderes mehr.« Die Wahrheit, an die du glaubst und an die du dich klammerst, macht dich für etwas Neues unverfügbar.

Wir schaffen uns unsere Welt, indem wir in einer bestimmten Weise denken und an bestimmte Dinge glauben. Im Mittelalter akzeptierten alle Menschen die auf Angst gegründete Vorstellung, es gäbe nur einen einzigen Glauben; wenn man diesen Glauben nicht teilte, wurde man zum Feind abgestempelt. Das bedeutete für alle Formen von schöpferischem, neuartigem Denken den Tod. Viele Dinge, die die Menschen vorher hatten sehen können, konnten sie einfach nicht mehr sehen, weil sie nicht daran glaubten. Sobald sie anfingen, in einer bestimmten Weise zu denken und zu glauben, gab es alle möglichen Dinge, die sie buchstäblich nicht hören, sehen, riechen oder berühren konnten, weil diese Dinge außerhalb ihres Überzeugungssystems lagen.

Indem wir an den Dingen, die wir glauben, festhalten, wird unsere Erfahrung im Leben eingeschränkt. Das heißt nicht, daß es ein Problem wäre, bestimmte Dinge zu glauben, zu denken oder zu meinen; die Probleme entstehen erst durch die hartnäckige Haltung, alles müsse nach unserer Vorstellung laufen, durch das Festhalten an unseren Meinungen und Einstellungen. Um es ganz einfach auszudrücken : Durch eine solche Haltung wird eine Situation geschaffen, in der man sich dafür entscheidet, blind zu sein, anstatt sehen zu können, taub zu sein, anstatt hören zu können, tot zu sein anstatt lebendig, zu schlafen, anstatt wach zu sein.

Heutzutage machen sich viele Menschen auf und erforschen neue Denkweisen, doch andere verschanzen sich nur noch mehr hinter ihren festgefügten Meinungen. Es findet eine Polarisierung statt, und als Ergebnis können wir zum Beispiel beobachten, wie einige gute Christen wegen des Films *Die letzte Versuchung Christi* in Hysterie verfallen, weil da jemand zu behaupten wagt, daß Christus möglicherweise nicht das war, wofür ihn viele Menschen halten wollen. Wenn ihr Glaubenssystem angegriffen wird, können Menschen sogar so fanatisch werden, daß sie bereit sind, zu töten und zu vernichten.

Ein Beispiel hierfür ist die fanatische Reaktion vieler Muslime auf Salman Rushdies Roman *Die satanischen Verse*, in dem der Autor die Andeutung macht, Mohammed sei nicht der gewesen, für den sie ihn halten – und dafür verdammten sie Rushdie zum Tode. Im Grunde trifft man überall auf diese Situation. Protestanten töten Katholiken, und Katholiken töten Protestanten. Hindus töten Buddhisten, und Buddhisten töten Hindus. Juden töten Christen, und Christen töten Juden. Muslime töten Christen, und Christen töten Muslime. In der ganzen Welt gibt es Kriege, weil Menschen beleidigt sind, wenn jemand anders nicht mit ihrem Überzeugungssystem übereinstimmt.

Jeder macht sich dessen schuldig. So etwas nennt man Fundamentalismus. Man will etwas, woran man sich festhalten kann, man will sich sagen können: »Endlich habe ich es gefunden. Das hier ist es, und jetzt fühle ich mich bestätigt und sicher und rechtschaffen.« Auch der Buddhismus ist nicht frei davon. Es handelt sich um eine menschliche Eigenschaft. Doch im Buddhismus gibt es eine Lehre, die all das unterhöhlen würde, wenn die Menschen nur darauf hören würden. Sie lautet: »Triffst du Buddha unterwegs, dann töte ihn.« Das heißt, wenn du Buddha findest und dann sagst: »So ist es; der Buddha ist so und so«, dann solltest du diesen »Buddha«, den du gefunden hast, dessen Identität du bestimmen kannst, lieber töten. Kontemplative Christen und Mystiker, Hindus, Juden, Menschen aller Glaubensrichtungen kennen diese Perspektive auch: Triffst du den Christus, der benannt werden kann, so töte ihn. Triffst du den Mohammed oder den Jehova oder wen auch immer, der benannt werden kann, an dem man sich festhalten und an den man glauben kann, zertrümmere ihn.

Jetzt kommen wir zum interessanten Teil. Wie stellt man das an? Auch wenn diese Aufforderung ziemlich gewaltsam klingt, haben wir es hier in Wirklichkeit mit absoluter Aggressionslosigkeit zu tun. Die Menschen haben keine Schwierigkeit, Überzeugungen zu hegen, sich daran festzuhalten und zuzulassen, daß ihre ganze Welt ein Produkt dieser Überzeugungssysteme ist. Sie finden es auch sehr einfach, diejenigen anzugreifen, die damit nicht einverstanden sind. Schwerer, aber auch mutiger, ist das, was der Held beziehungsweise die Heldin, der Krieger, der Mystiker tun: mit großer Ehrlichkeit und Klarheit ihren Überzeugungen ständig direkt ins Gesicht zu sehen und dann darüber hinauszuschreiten. Das erfordert viel Herz und viel Mitgefühl. Es erfordert, daß man ohne jede Härte, ohne irgendein Urteil zu fällen, die eigene Erfahrung voll und ganz, bis in den Kern berührt und kennt.

»Triffst du den Buddha auf dem Weg, dann töte den Buddha.« Das bedeutet: Wenn du siehst, daß du dich an irgend etwas festhältst oder festklammerst, ob es herkömmlich als etwas Gutes oder als etwas Schlechtes betrachtet wird, schließe damit Freundschaft. Schaue hinein. Lerne es voll und ganz kennen. Auf diese Weise wird es sich von alleine auflösen.

In den Lehren heißt es, daß es zum Konflikt führt, wenn man an der eigenen Überzeugung festhält. Darüber gibt es eine wunderbare Geschichte: Es gab einen Gott, der wußte, wie gerne Männer und Frauen feste Überzeugungen hegen und sich mit anderen Menschen, die der gleichen Meinung sind, zu Vereinen, Glaubensrichtungen und politischen Systemen zusammenschließen. Sie sind ja ganz verrückt danach, viel Aufhebens um nichts zu machen, einen Namen auf eine große Fahne zu schreiben und johlend und kreischend damit durch die Straßen zu ziehen, nur um dann auf andere Menschen zu stoßen, die vom Gegenteil überzeugt sind und johlend und kreischend *ihre* Fahne schwenken. Dieser Gott wollte etwas über den menschlichen Zustand beweisen, damit die Menschen vielleicht die Absurdität sehen und herzlich darüber lachen könnten. (Herzlich darüber zu lachen, ist die beste Art, den Buddha zu töten.) Er ließ einen großen Hut anfertigen, der genau in der Mitte geteilt war. Auf der einen Seite zeigte er ein brilliantes Blau, auf der anderen Seite Flammenrot. Dann ging der Gott an einen Ort, wo viele Menschen links von der Straße und viele andere Menschen rechts von der Straße auf dem Acker arbeiteten. Dort zeigte er sich in all seiner Herrlichkeit; niemand hätte ihn übersehen können. Groß und strahlend mit seinem Hut auf dem Kopf ging er schnurstracks die Straße hinunter. Alle Menschen auf der rechten Straßenseite ließen ihre Hacken fallen und schauten zu diesem Gott hinauf; alle Menschen auf der linken Straßenseite taten dasselbe. Alle waren verblüfft. Dann verschwand der Gott. Alle riefen: »Wir haben Gott gesehen! Wir haben Gott gesehen!« Sie waren alle von Freude erfüllt, bis einer der Menschen von der linken Seite sagte: »Da ging er in all seiner Herrlichkeit und mit seinem roten Hut!« Und die Menschen von der rechten Seite sagten: »Nein, er hatte einen blauen Hut auf.« Diese Meinungsverschiedenheit verstärkte sich immer mehr, bis die Menschen Barrikaden errichteten und anfingen, sich gegenseitig mit Steinen zu bewerfen. Da erschien der Gott wieder. Dieses Mal lief er in die andere Richtung und verschwand dann. Jetzt schauten sich alle Menschen an, und die auf der rechten Seite sagten: »Ach, ihr hattet recht, er hatte doch einen roten Hut auf. Es tut uns leid, wir haben falsch hingesehen. Ihr hattet recht, und wir hatten unrecht.« Die Menschen auf der anderen Seite sagten ihrerseits: »Nein, nein. Ihr hattet recht. Wir hatten unrecht.« In diesem Augenblick wußten sie nicht, ob sie weiter gegeneinander kämpfen oder ob sie miteinander Freundschaft schließen sollten. Die meisten waren völlig ratlos angesichts der ganzen Situation. Da erschien der Gott abermals. Dieses Mal stand er in der Mitte der Straße und drehte sich nach links und nach rechts! Da begannen alle zu lachen.

Für uns als Menschen, die hier sitzen und meditieren, als Menschen, die ein gutes, volles, nicht eingeschränktes, abenteuerliches, echtes Leben führen wollen, liegt in dieser Geschichte eine konkrete Anweisung, die wir befolgen können, die wir ohnehin in unserer Meditationspraxis die ganze Zeit befolgt haben: Sieh, was da ist. Erkenne es, ohne es als richtig oder falsch zu beurteilen. Laß es los und komme zurück zum gegenwärtigen Augenblick. Was auch immer aufkommt, sieh, was es ist, ohne es richtig oder falsch zu nennen. Erkenne es. Sieh ganz klar, ohne zu urteilen, und laß es gehen. Komme wieder zurück zum gegenwärtigen Augenblick. Von jetzt an bis zum Augenblick deines Todes könntest du das tun. Als Möglichkeit, mehr Mitgefühl für dich selbst und für andere zu entwickeln, als Möglichkeit, weniger dogmatisch, vorurteilsbeladen und weniger darauf versessen zu sein, daß alles nach deinen Vorstellungen läuft, in der absoluten Gewißheit, daß du recht hast und der andere unrecht – du könntest dies als eine Möglichkeit nehmen, das Ganze mit Humor zu betrachten, es lockerer zu nehmen, offener zu werden. Du könntest auch beobachten, wann du anderen Schuld zuweist oder dich selbst rechtfertigst. Würdest du für den Rest deines Lebens einfach nur das beobachten, es als Weg nehmen, um die Albernheit des menschlichen Zustandes – des tragischen und doch komischen Dramas, von dem wir uns immer wieder irreführen lassen – bloßzulegen, dann könntest du viel Weisheit und viel Mitgefühl entwickeln – und auch viel Humor.

Wenn du siehst, wann du dich selbst rechtfertigst und anderen Menschen die Schuld zuweist, ist das kein Grund, dich zu kritisieren, sondern in Wirklichkeit eine Gelegenheit zu erkennen, was alle Menschen tun und wie es uns in einer sehr eingeschränkten Sichtweise der Welt gefangenhält. Es ist eine Chance zu sehen, daß du an deiner Auslegung der Wirklichkeit festhältst; es gestattet dir, darüber zu reflektieren, daß es nur das ist – nicht mehr und nicht weniger: nichts als deine Auslegung der Wirklichkeit.

Das Wetter und die Vier Edlen Wahrheiten

Als der Buddha anfangs lehrte, hätte er alles lehren können. Er war eben erst vollständig erwacht. Sein Geist war sonnenklar, und er erlebte keinerlei Hindernisse – nur die Weite und Güte seiner selbst und seines Lebens. Der Geschichte zufolge fiel es ihm jedoch schwer, seine Erfahrung in Worte zu fassen. Zunächst beschloß er, nicht zu lehren, weil er dachte, niemand würde begreifen können, wovon er sprach. Schließlich beschloß er, in die Welt hinauszugehen und zu lehren, weil es doch einige Menschen gab, die ihn hören würden. Das Interessante ist, daß er nicht von Anfang an vom Bedingungslosen sprach; er sprach nicht über essentielle Güte, über Klarheit, Weitläufigkeit, Seligkeit, Staunen oder Offenheit. In seinem ersten Lehrzyklus – den Lehren über die Vier Edlen Wahrheiten – sprach der Buddha vom Leid.

Ich habe diesen Lehrzyklus immer als großartige Bestätigung dafür verstanden, daß es in keiner Weise notwendig ist, sich dem Völlig-lebendig-Sein in dieser Welt zu widersetzen, daß wir in Wirklichkeit alle Teil des Netzes sind. Alles Lebendige ist miteinander verwoben. Wenn etwas lebt, verfügt es über Lebenskraft, deren Qualität die Energie, ein Gefühl der Vergeistigung ist. Ohne diese Energie könnten wir nicht unsere Arme heben oder unseren Mund aufmachen oder unsere Augen öffnen oder schließen. Wenn ihr jemals einen Sterbenden begleitet habt, wißt ihr, daß in einem Augenblick die Lebenskraft noch da ist, auch wenn sie sehr schwach sein mag, und dann im nächsten Augenblick ist sie einfach nicht mehr da. Man sagt, daß sich, wenn wir sterben, die vier Elemente – Erde, Luft, Feuer, Wasser – eins nach dem anderen auflösen, das eine in das andere und schließlich in den Raum hinein.

Solange wir jedoch noch am Leben sind, haben wir an der Energie teil, die alles, vom Grashalm bis hin zum Elefanten, wachsen und gedeihen und dann unweigerlich verfallen und schließlich sterben läßt. Diese Energie, diese Lebenskraft, erschafft die ganze Welt. Es ist sehr merkwürdig, aber da wir Menschen über Bewußtsein verfügen, stoßen wir dort, wo wir uns gegen die Lebensenergien wehren, auf Probleme.

Vor ein paar Tagen habe ich mich mit einem Mann unterhalten, der schwer depressiv ist. Wenn er einer Depression erliegt, sitzt er einfach auf einem Stuhl; er kann sich nicht rühren. Dann tut er nichts anderes, als sich Sorgen zu machen. Er sagte, daß er den ganzen Winter hindurch auf dem Stuhl saß und darüber nachdachte, daß er hinausgehen und den Rasenmäher aus dem Schnee hereinholen sollte, aber er konnte sich einfach nicht dazu aufraffen. Das meine ich nun nicht mit Stillsitzen. Still dasitzen, sich nicht vom Fleck rühren, heißt, nicht davon weggezerrt zu werden, völlig präsent zu sein, deine Lebensenergie voll zu erkennen und zu erleben. Was passiert also? Ich kann von meiner Erfahrung damit berichten. Ich war dabei, zu sitzen und die Meditationstechnik auszuführen, als ein unangenehmes Gefühl über mich kam. Und prompt geisterten mir alle möglichen Gedanken im Kopf herum, ich machte mir Sorgen über etwas, was erst im September passieren wird, über die allerkleinsten Details einer Aufgabe, die erst im Oktober verrichtet werden muß. Dann fiel es mir ein: Still sitzen mitten in einem Feuer oder einem Wirbelsturm oder einem Erdbeben oder einer Flutwelle, still sitzen. Das gibt uns Gelegenheit, erneut die lebendige Natur unserer Lebensenergie zu erleben – Erde, Luft, Feuer und Wasser.

Wieso wehren wir uns gegen unsere Energie? Wieso wehren wir uns gegen die Lebenskraft, die uns durchflutet? Die erste Edle Wahrheit besagt: Wenn man am Leben ist, wenn man ein Herz hat, wenn man lieben und mitfühlen kann, wenn man die Lebensenergie erkennen kann, die alles verändert und bewegt, die alles wachsen und dann sterben läßt, wird man keine Abwehr und keinen Widerstand kennen. Die erste Edle Wahrheit beinhaltet nämlich, daß die Unannehmlichkeit zum Menschsein dazugehört. Wir müssen es nicht einmal mehr Leid nennen, sogar nicht einmal Unannehmlichkeit. Es heißt lediglich, das Feurige am Feuer, das Wilde am Wind, die Turbulenz des Wassers, die Erhebung der Erde kennenzulernen, neben der Wärme des Feuers, der Sanftheit der Brisen, der Kühle und Glätte des Wassers und der guten, soliden Zuverlässigkeit der Erde. Nichts ist seinem Wesen nach so oder anders. Die vier Elemente nehmen verschiedene Qualitäten an; sie sind wie Zauberer. Manchmal manifestieren sie sich in der einen Form, manchmal in der anderen. Wenn wir das als Problem empfinden, wehren wir uns dagegen. Die erste Edle Wahrheit erkennt, daß wir uns ebenso verändern wie das Wetter, wir steigen und fallen wie die Fluten, wir wachsen und schrumpfen wie der Mond. Das machen *wir*, und es gibt keinen Grund, sich dagegen zu wehren. Wenn wir uns dagegen wehren, werden die Wirklichkeit und die Lebendigkeit des Lebens zur Hölle.

Die zweite Edle Wahrheit besagt, daß dieser Widerstand der grundlegende Operationsmechanismus dessen ist, was wir das Ich nennen, und daß der Widerstand gegen das Leben Leid erzeugt. Es wird traditionell gesagt, daß die Ursache des Leidens das Festhalten an unserer engen Sichtweise ist. Man kann es auch so ausdrücken, daß der Widerstand gegen unsere vollkommene Einheit mit dem ganzen Leben, der Widerstand gegen die Tatsache, daß wir fließen und uns verändern wie das Wetter, daß wir die gleiche Energie in uns haben wie alle Lebewesen, der Widerstand gegen all das ist, was man das Ich nennt.

Gestern war ich sehr neugierig auf die Erfahrung des Widerstandes. Ich beobachtete, daß ich mit unangenehmen Gefühlen im Herzen und im Bauch dasaß – man könnte es Grauen nennen. Ich begann, darin die Gelegenheit zu sehen, die Echtheit der vier Elemente zu spüren, zu erleben, wie es ist, das Wetter zu sein. Natürlich ging davon das unangenehme Gefühl nicht weg, aber der Widerstand lockerte sich, und irgendwie war die Welt wieder da. Wenn ich keinen Widerstand leistete, konnte ich die Welt sehen. Dann beobachtete ich, daß ich aus irgendeinem Grund die Qualität dieses bestimmten »Wetters« nie gemocht hatte und ich mich deswegen dagegen wehrte. Indem ich das tat, so erkannte ich, erschuf ich mich neu. Wenn man sich wehrt, ist es, als ziehe man sich selbst einen Bremsschuh an, als sei man ein Marmorklotz, aus dem man sich selbst herausmeißelt: Man macht sich wirklich fest und undurchdringlich. In meinem Fall empfinde ich es als sehr unangenehm, daß ich mir Sorgen mache über Dinge, die erst noch eintreten müssen; es ist eine Sucht. Es ist auch unangenehm, sich wieder zu betrinken, wenn man Alkoholiker ist, sich zu überfressen, wenn man an Freßsucht leidet, oder was auch immer. All diese Dinge sind wirklich merkwürdig. Wir wissen alle, was eine Sucht ist; in erster Linie geht es dabei um *mich*.

Wenn das Wetter wechselt und die Energie einfach durch uns hindurchfließt, genauso wie sie durch das Gras und die Bäume und die Raben und die Bären und den Elch und das Meer und die Felsen fließt, dann entdecken wir interessanterweise, daß wir überhaupt nicht fest und undurchdringlich sind. Wenn wir stillsitzen wie der Berg Gampo Lhatse im Orkan, wenn wir uns nicht mehr schützen vor der Wahrheit und der Lebendigkeit und der Unmittelbarkeit und der mangelnden Bestätigung, die daher kommen, daß wir einfach Teil des Lebens sind, dann sind wir keine vom Ganzen abgetrennten Wesen mehr, die die Dinge nur nach ihren Vorstellungen haben möchten.

Die dritte Edle Wahrheit besagt: Das Aufhören des Leids besteht darin, daß wir aufhören, an uns selbst festzuhalten. Mit »Aufhören« meinen wir das Aufhören der Hölle im Gegensatz zu den ganz normalen, wetterähnlichen Wechselfällen des Lebens, das Aufhören des Widerstandes, der Ablehnung, des Grolls, des Gefühls, vollkommen eingepfercht und gefangen zu sein, um jeden Preis *mich* riesengroß aufrechterhalten zu müssen. Die Lehren über das Erkennen der Ichlosigkeit klingen sehr abstrakt, doch der darin verborgene Weg, die magische Anweisung, die wir alle erhalten haben, der goldene Schlüssel ist jener Teil der Meditationstechnik, wo wir erkennen, was mit uns geschieht, und wir zu uns selbst »Denken« sagen. Dann löst man sich vom Reden und vom Vorgeben und Diskutieren und sitzt einfach da mit dem Wetter – der Qualität und der Energie des Wetters. Vielleicht hast du noch dieses zittrige Gefühl oder dieses aufgewühlte Gefühl oder dieses explodierende Gefühl oder dieses stille Gefühl oder dieses taube Gefühl, als ob man dich gerade in die Erde eingegraben hätte. Damit bleibst du zurück. Das ist der Schlüssel: dieses Gefühl kennenzulernen. Du kannst es nur kennenlernen, indem du erkennst, daß du die ganze Zeit darüber geredet hast, daraus Sorgen in bezug auf nächste Woche und nächsten Oktober und den Rest deines Lebens gemacht hast. Merkwürdigerweise ist es, als hätten wir selbst, anstatt mitten im Feuer still dazusitzen, eine Art Vorrichtung geschaffen, die es schürt, am Leben hält. Schüre dieses Feuer, schüre dieses Feuer. »Nun ja, aber wenn ich das nicht mache, dann passiert das, und wenn das passiert, dann passiert dieses, vielleicht sollte ich das und jenes rausschmeißen und dieses besorgen und jenes andere erledigen. Ich muß wohl diese bestimmte Person darüber aufklären, und wenn ich es nicht mache, dann bricht das Ganze ganz bestimmt zusammen, und was passiert dann? Ach, am liebsten möchte ich sterben, ich möchte hier raus. Es ist einfach schrecklich und –« Plötzlich willst du vom Stuhl aufspringen und schreiend aus dem Zimmer laufen. Du hast eben das Feuer geschürt. Aber irgendwann denkst du dir: »Warte mal. *Denken.*« Dann läßt du los und kehrst zurück zu jenem ursprünglichen flatternden Gefühl, das sehr unruhig sein mag, aber im Grunde genommen einfach nur der Wind, das Feuer, die Erde, das Wasser ist. Ich meine nicht, aus einem Orkan einen windstillen Tag zu machen. Ich meine, die Qualität des Orkans oder, wenn es ein windstiller Tag ist, die Windstille zu erkennen. Ich meine nicht, aus einem Waldbrand ein gemütliches Kaminfeuer oder ein Herdfeuer, auf dem die Suppe köchelt, zu machen. Ich sage nur, wenn es einen Waldbrand gibt, widersetze dich dieser Kraft nicht – das bist du. Wenn es warm und gemütlich ist, wehre dich weder dagegen, noch niste dich darin ein. Ich sage nicht, daß du aus einem Erdbeben einen Blumengarten machen sollst. Wenn es ein Erdbeben gibt, laß den Boden zittern und sich aufreißen, und wenn ein prächtiger Garten voller Blumen da ist, lasse auch das sein. Ich spreche davon, sich nicht zu wehren, nicht zu klammern, sich nicht von Hoffnung und Angst einfangen zu lassen, im Guten wie im Schlechten, ich spreche davon, sich voll und ganz dem Leben hinzugeben.

Die Essenz der vierten Edlen Wahrheit ist der Achtfache Pfad. Alles, was wir tun – unsere Disziplin, unsere Bemühung, unsere Meditation, unser Broterwerb, alles, aber auch alles, was wir tun, vom Augenblick unserer Geburt bis zum Augenblick unseres Todes –, können wir benutzen, um darüber unsere Vollkommenheit und unsere Einheit mit allen Dingen zu erkennen. Mit anderen Worten, wir können unser Leben benutzen, um darauf aufmerksam zu werden, daß wir vom Ganzen nicht getrennt sind: Die Energie, die uns ins Leben gerufen hat und die uns ganz und wach und lebendig sein läßt, ist einfach nur die Energie, die alles erschafft, und wir sind ein Teil davon. Wir können unser Leben benutzen, um uns damit zu verbinden, oder wir können es benutzen, um abwehrend, entfremdet, trotzig, zornig, verbittert zu werden. Wie immer haben wir die Wahl.

Nicht zu fest und nicht zu locker

Heute werden wir darüber sprechen, wie man im eigenen Leben zu einem Gleichgewicht findet. Was ist schließlich und endlich der Mittlere Weg?

Mein Mittlerer Weg und dein Mittlerer Weg sind nicht gleich. Es ist zum Beispiel mein Stil, locker und weich und entspannt zu sein. Das, was als strenges Üben bezeichnet wird, wäre bei mir immer noch ziemlich entspannt, weil ich es auf entspannte Weise mache. Deshalb tut mir das strenge Üben gut. Es hilft mir, meinen Mittleren Weg zu finden. Durch sehr entspanntes Üben lerne ich nicht so viel, weil es mir nicht zeigt, wo ich aus dem Gleichgewicht gekommen bin. Vielleicht bist du aber viel militanter und präziser und auf den Punkt genau. Vielleicht neigst du dazu, dich anzuspannen. Dir würde es unter Umständen leicht fallen, angespannt zu üben, aber das könnte leicht allzu streng und autoritär werden, und es könnte gut sein, daß du entdecken mußt, was es bedeutet, auf entspannte, lockere Art zu üben. Jeder ist anders. Der Mittlere Weg jedes einzelnen Menschen ist anders als jeder andere; jeder übt, um für sich persönlich herauszufinden, wie er zu seinem eigenen Gleichgewicht finden kann, wie man es schafft, nicht zu fest und nicht zu locker zu sein.

In einem Gedicht in seinem Buch *First Thought, Best Thought* sagt Trungpa Rinpoche in etwa: »Der Buddhismus sagt dir nicht, was falsch und was wahr ist, sondern er ermutigt dich dazu, es für dich selbst herauszufinden.« Zu lernen, nicht zu fest und nicht zu locker zu sein, ist eine individuelle Reise, in deren Verlauf du zu deinem eigenen Gleichgewicht findest: wie du dich entspannen kannst, wenn du dich dabei ertappst, zu rigide zu sein; wie du eleganter und präziser werden kannst, wenn du dich dabei ertappst, zu ungezwungen zu sein.

Vielen Menschen scheint die Erfahrung, extreme Positionen einzunehmen, gemeinsam zu sein; meistens sehen wir die mittlere Position nicht. Wir kommen zum Beispiel zu einem *dathun* und fangen alle erst mit dem Üben an. Die ersten paar Tage denken wir: »Ich werde es perfekt machen«, und wir bemühen uns intensivst darum, richtig zu sitzen, richtig zu gehen, richtig zu atmen, das Schweigen einzuhalten, alles richtig zu machen. Wir strengen uns hundertprozentig an; wir haben ein Programm. Ab einem gewissen Punkt sagen wir aber: »Ach du meine Güte! Was soll das eigentlich alles?« Vielleicht lassen wir das Ganze sausen und fallen ins andere Extrem: »Mir ist das alles schnuppe.« Das Witzige, das Schöne an der Übung ist, daß es nicht als Hindernis gilt, wenn man von einem Extrem ins andere fällt; manchmal sind wir wie ein Ausbildungsoffizier, und manchmal sind wir wie Kartoffelbrei. Sobald wir im Hinblick auf den ganzen Prozeß eine Art freudige Neugier entwickelt haben, können wir alle diese Dinge einfach als Informationen betrachten: Wir sammeln die Informationen, die wir brauchen, um zu unserem eigenen Gleichgewicht zu finden.

Da sitzt du also, und plötzlich siehst du dich selbst als südamerikanischen Diktator und denkst dir: »Das ist doch wohl lächerlich.« Du erinnerst dich an all die Anweisungen, unbeschwerter, weicher, sanfter zu werden. Dann kommt eine Art Humor oder eine Einsicht, eine Form von Sanftheit ins Spiel. Ein anderes Mal sitzt du da, schaust auf deine Fingernägel, kratzt dir die Ohren, spielst mit deinen Zehen, entdeckst die Innenseite deiner Nase und die Rückseiten deiner Ohren und stellst dir eine witzige Karikatur von dir selbst vor, wie du meditierst. Da sagst du dir: »Nun ja, im

Augenblick könnte ich wohl ein kleines bißchen präziser sein.« Humor ist eine viel wirksamere Vorgehensweise als grimmiger Ernst.

Im Vajradhatu-Seminar* im Jahr 1979 gab Trungpa Rinpoche einige äußerst präzise und brilliante Unterweisungen, die für alle ermutigend waren. Jahrelang hatten wir die herkömmlichen Unterweisungen über *shamatha*, die Übung der Achtsamkeit, empfangen. Aufgrund dieser neuen Unterweisungen – die neun verschiedenen Arten, den Geist ruhen zu lassen – wurde diese Übung klarer und präziser, weil sie uns eine bessere Vorstellung davon gaben, wie wir vorgehen sollten. Worum es bei diesen Unterweisungen letztendlich geht, ist, daß man das eigene Gleichgewicht zwischen nicht zu locker und nicht zu fest findet. Diese neun Wege werde ich nun erläutern; sie sind sehr hilfreich.

Vorneweg möchte ich sagen, daß man diese neun Wege nicht als einzelne Schritte einer Abfolge sehen sollte, auch wenn der letzte mehr den Charakter eines Ergebnisses hat als manche andere. Sie werden nicht als Schritte von eins bis neun betrachtet, sondern lediglich als neun verschiedene Vorschläge, neun verschiedene hilfreiche Hinweise, wie man den Geist im Naturzustand ruhen lassen kann – wie man den Geist daran hindert, von einem Extrem ins andere zu fallen. Man könnte sagen, es handele sich um Anweisungen darüber, wie man herausfindet, was der natürliche Zustand nun wirklich *ist.* Worin besteht denn Gleichgewicht? Worin besteht ein Gefühl von Gleichmut? Das würden wir wohl alle gern wissen. Die grundlegende Richtlinie lautet: Beobachte, was für dich zu eng ist und was zu locker, dann wirst du es

* Ein dreimonatiges Programm für qualifizierte Studenten, die in den drei Yanas oder »Fahrzeugen« (Hinayana, Mahayana und Vajrayana) des tibetischen Buddhismus systematisch ausgebildet werden möchten.

entdecken. Anstatt zu versuchen, in der Mitte zu ruhen, beobachte einfach nur, was zu eng und was zu locker ist, dann wirst du deinen eigenen Mittleren Weg finden.

Diese neun Wege haben merkwürdige Namen. Sie klingen alle gleich, mit kleinen Unterschieden. Der erste heißt Ruhen, der zweite heißt Stetig ruhen, der dritte Naiv ruhen, der vierte Gründlich ruhen und so weiter.

Der erste heißt »Den Geist ruhen lassen«. Wir sind bereits unterwiesen worden, »mit ungeteilter Aufmerksamkeit beim Atem zu bleiben«. Auch wenn es Farben und Klänge und andere Menschen gibt, auch wenn die Ohren und die Nase und der Mund und die Tastsinne nach wie vor existieren und auch nicht weggehen, beschränkst du dennoch, wenn du dich zum Üben hinsetzt, deine Aufmerksamkeit auf den Atem, wie er hinausströmt. »Beschränken« ist vielleicht nicht das richtige Wort. Mit dem größten Teil deiner Aufmerksamkeit, deiner Achtsamkeit verfolgst du den Atem, während er hinausströmt. Zu Beginn der Übung hat man das Gefühl einer Vereinfachung bis hin zu nur dieser Ausatmung. Die Anweisung lautet *nicht* »Alles andere auslöschen«. Die Übung beansprucht immer noch nur etwa ein Viertel deiner Aufmerksamkeit. Dennoch ist es sehr wichtig, daß du dich jedesmal, wenn du mit der Übung beginnst, daran erinnerst, was du tust: Du vereinfachst deine Hauptaufmerksamkeit, bis sie auf die Atmung gerichtet ist. Deine Konzentration ist hier möglichst ungeteilt. Das kannst du jederzeit während deiner Meditationsübung machen. Vielleicht zerstreuen sich deine Gedanken während der Sitzung, aber dann kannst du einfach aufhören, dich kurz ausruhen und dann wieder beginnen, einen neuen Anfang machen. Fange immer mit dem Gefühl an, daß die Hauptbetonung auf der Atmung liegt.

In der zweiten Anweisung, »Stetig ruhen«, wirst du aufgefordert, dieses Gefühl, voll und ganz bei der Atmung zu sein, zu verlängern. Manchmal ist diese Sammlung der Aufmerksamkeit fast eine punktuelle Angelegenheit, und danach ist das Ganze sehr viel weicher. Aber manchmal passiert es auf ganz natürliche Weise, daß du dieses Gefühl des Atems, wie er hinausströmt, das Gefühl, voll und ganz bei der Atmung zu sein, verlängern kannst. Die Anweisung für das stetige Ruhen lautet, dich selbst darin zu trainieren, dich nicht von jedem kleinen Detail ablenken zu lassen, sondern beim Atem zu bleiben. Während die erste Anweisung etwas ist, was man tun kann, ist die zweite eher eine Haltung, eine Erfahrung, die sich herauskristallisiert: Du läßt dich nicht von jedem Geräusch herausbringen, von jedem Anblick ablenken, von jeder Regung deines Geistes hinwegraffen. Du schaffst es, dieses Gefühl des Sitzens im gegenwärtigen Augenblick zu verlängern, völlig hier zu sein, einfach nur zu atmen.

Der dritte Weg heißt »Naiv ruhen«, manchmal auch »Wörtlich ruhen«. Diese Unterweisung hat damit zu tun, bezüglich deiner Übung eine naive, eine kindliche Haltung einzunehmen, sie sehr einfach zu halten. Dieser Punkt besagt, daß man die Shamatha-Vipassana-Unterweisung überhaupt nicht intellektuell oder verkopft angehen sollte. Die Anweisung lautet: Wenn du dich in Gedanken verlierst, komme einfach zurück, ohne viel Aufhebens darum zu machen. Meistens kommen wir nämlich nicht einfach zurück. Entweder wir sehen nicht einmal, daß wir denken, und kommen dann zurück, oder wir sind sehr militant und verurteilend. Naiv ruhen heißt also: »Komme einfach nur zurück.« Wenn Trungpa Rinpoche hiervon spricht, nimmt er als Beispiel, wie man ein Baby füttert. Du versuchst, dem Baby den Löffel in den Mund zu stecken, und die Aufmerksamkeit des Babys wandert durch den ganzen Raum. Du sagst einfach: »Kuckuck!«, und die Aufmerksamkeit des Babys kommt auf dich zurück, und du steckst ihm den Löffel in den Mund. Es ist sehr einfach. Das Baby sagt sich nicht: »Oh, böses Baby! Ich war ja in Gedanken verloren.« Das Baby sagt einfach »Futter!« und kommt wieder zurück. Ich kann auch ein weiteres Beispiel geben. Du putzt dir die Zähne, und deine Aufmerksamkeit schweift ab. Plötzlich bemerkst du, wie du da stehst, den Mund voll Schaum, und hast gerade eine Stippvisite nach Los Angeles gemacht. Du kommst einfach zum Zähneputzen zurück und machst absolut kein Aufhebens darum. Das ist naiv ruhen.

Der vierte der neun Wege heißt »Gründlich ruhen«. Hier lautet die Anweisung, zur Ruhe zu kommen, den Geist zur Ruhe zu bringen. Wenn du dann feststellst, daß deine Gedanken relativ einfach und geradeheraus sind und keine dreidimensionalen Filme ablaufen, dann versuche jeden Funken von einem Gedanken, die allerkleinsten Funken von Gedanken zu erhaschen. Das Beispiel, das hierfür gegeben wird, ist, daß der Gedanke manchmal wie ein kleiner Floh ist, der kurz auf deiner Nase landet und dann wieder wegspringt, während er ein anderes Mal wie ein Elefant ist, der sich auf dich setzt. Die Anweisung lautet, daß du versuchen könntest, nur das winzig kleine Flackern der Gedanken zu erhaschen. Du wirst beim Üben erkennen, wann du auf diese Weise zur Ruhe gekommen bist und versuchen könntest, so zu üben. Du wirst auch sehen, daß es manchmal einfach so zu dir kommt, und dann ist es eben so.

Der fünfte Weg heißt »Den Geist bändigen«. Er hat mit der Bedeutung einer grundlegenden Haltung der Freundlichkeit zu tun. Wenn unsere Gedanken wie Flöhe sind, die uns von der Nase wegspringen, sehen wir manchmal einfach nur das kleine Aufflackern von Gedanken, wie kleine Wellen, und das könnte ein sehr befreiendes Gefühl sein. Das erste Mal könnte man sich denken: »Meine Güte! Da ist soviel Raum, und er ist schon immer dagewesen.« Ein anderes Mal könnte es sich so anfühlen, als würde man von diesem Elefanten geritten oder als liefe gerade ein privater Porno-Film oder ein eigener Krieg in Technicolor und Stereo. Es ist wichtig zu sehen, daß die Meditation keineswegs den Floh dem Elefanten vorzieht oder umgekehrt. Es handelt sich einfach um einen Prozeß, bei dem man sieht, was ist, es beobachtet, akzeptiert und dann mit dem Leben weitermacht. Im Sinne der Meditationstechnik bedeutet das, zurückzukommen zur Einfachheit der Jetztheit, zur Einfachheit des Ausatmens. Ob du während der ganzen Meditationsperiode voll und ganz mit inneren Auseinandersetzungen beschäftigt bist oder ob du diesen Eindruck riesiger Räume spürst, du kannst das eine wie das andere mit Sanftheit betrachten, mit einem Gefühl, dafür wach und lebendig zu sein, wer du bist. So oder so, beides kann man respektieren. Das Bändigen des Geistes lehrt uns also, daß Meditieren bedeutet, eine nicht-aggressive Haltung all dem gegenüber zu entwickeln, was in unserem Geist auftaucht. Es lehrt uns, daß Meditation keineswegs heißt, sich selbst als Hindernis auf dem Weg zum Selbst zu betrachten; in Wirklichkeit ist genau das Gegenteil der Fall.

Nummer Sechs, »Besänftigen«, ist eine weitere Unterweisung darin, wie man mit Negativität umgehen kann. Durch »Bändigen« gewannen wir im Grunde die Einsicht, die ja so lebenswichtig ist, daß Meditation die Kultivierung von Aggressionslosigkeit und einer guten Beziehung mit uns selbst bedeutet. »Besänftigen« beruht darauf, daß immer etwas Merkwürdiges passiert, wenn wir uns unserer Meditationspraxis wirklich verschrieben haben, wenn wir dafür einige Leidenschaft entwickelt haben und unser ganzes Selbst hineingeben: Wir haben plötzlich genug, wir verlieren die Lust, wir verlieren den Mut. Vielleicht sagen wir: »Ich will das jetzt nicht machen« und sehnen uns danach, unseren Rucksack aufzuschnallen und bis zum Ende der Landspitze hinauszumarschieren oder in ein Boot zu steigen und aufs Meer hinauszufahren oder längere Pausen zu machen und mehr zum Essen zu bekommen und »Jetzt will ich endlich einmal richtig ausschlafen!« Besänftigen ist eine Unterweisung mit viel gutem Humor darin. Es erkennt, wie es uns allen ergeht (und da diese Lehren über zweitausend Jahre alt sind, war es wohl schon immer so). Es besagt: »Erkenne zunächst, daß ein Gefühl der Enttäuschung mit einer guten Meditationspraxis einhergeht, daß es einem Menschen, der sich stark verpflichtet fühlt und sich auf eine Reise begeben hat, ebenso ergeht, und besänftige dich. Wenn du dieses Gefühl hast, finde darin ein bißchen Humor und rede einfach mit dir selbst, ermutige dich.« Du kannst zum Beispiel etwas sagen wie: »Oje, da kommt es also wieder! Ich dachte, ich hätte es das letzte Mal gemeistert, aber da ist es nun wieder. Du liebe Zeit! So habe ich es noch nie erlebt, aber genau davon sprach sie.« Du kannst sogar mit dir selbst darüber sprechen, wie kostbar unser Menschenleben ist und wie ungewiß dessen Fortdauer, und erkennen, daß es eine seltene und kostbare Gelegenheit ist, mit dir selbst so gründlich und vollständig Freundschaft schließen zu können. Du kannst dich schweigend mit dir selbst hinsetzen und einfach sehen, wer du bist, und auf sanfte und präzise Weise andauernd mit dir selbst sein und dabei lernen, wie du voll und ganz die Person anerkennen kannst, die du bist, und von der Tendenz, dich zwanghaft auf Dinge zu fixieren, einfach loslassen. Besänftigen bedeutet also, mit viel Herz und viel Mitgefühl den menschlichen Zustand zu betrachten und zu erkennen, wie selten und kostbar es ist, auf diese Weise üben und mit dir selbst Freundschaft schließen zu können. Du kannst auch erkennen, daß Menschen wie wir in einer Zeit wie dieser, in der die Welt von soviel Chaos und Krisen und Leid beherrscht wird, gebraucht werden. Menschen, die bereit sind, aufzuwachen und mit sich selbst

Freundschaft zu schließen, werden für die Gesellschaft von großem Nutzen sein, weil sie mit anderen arbeiten können, weil sie hören können, was andere ihnen sagen, weil sie fähig sind, sich von ihrem Herzen leiten zu lassen und anderen Menschen zu helfen. Deshalb kannst du dich auf diese Weise ermutigen, und das gehört auch zum Besänftigen.

»Gründlich besänftigen«, die Nummer Sieben, gibt genaue Anweisungen bezüglich der Hindernisse und wie man dagegen angehen kann. Diese Unterweisung handelt von Leidenschaft, Aggression und Unwissen, die wir als Hindernisse bei unserer Übung betrachten. Sie besagt, daß wir, falls wir in unserer Meditationspraxis extreme Aggression erleben, zunächst an diesem Gefühl eines Neubeginns ansetzen und dann die luftige, windige, frische Qualität des Atems betonen können. Du hast ja die Meditationstechnik gelernt, du verfügst über die Haltung und das Benennen und alle möglichen anderen Werkzeuge, aber wenn die Aggression dich in ihren Klauen hat und du all die mißmutigen, bitteren, zornigen Gedanken nicht loslassen kannst, solltest du dich auf die windige, luftige, frische Qualität des ausströmenden Atems konzentrieren, und das hilft dir, dich wieder mit der Frische und Weite zu verbinden.

Falls es die Leidenschaft oder die Begierde ist, die dich in ihren Klauen hat – du kannst einfach nicht aufhören, ständig an die Person oder das Ding zu denken, die oder das du dir so sehr wünschst –, dann lautet die Anweisung interessanterweise, dich auf dein Körpergefühl zu besinnen, deine Haltung zu betonen. Das Gegenmittel, wenn man der Leidenschaft und Begierde verfallen ist, wenn man sich etwas so sehr wünscht, daß es wehtut, ist die Haltung. Nimm einfach wieder ganz bewußt die Haltung ein und spüre dieses Gefühl, auf den Körper zu achten. Konzentriere dich darauf, deine Hände auf deinen Oberschenkeln, dein Gesäß auf dem Kissen zu spüren. Du könntest sogar im Geiste den ganzen Körper durchgehen, von der Schädeldecke bis ganz unten. Trete ganz in deinen Körper hinein, um dich zu erden.

Das Mittel gegen Unwissen oder Schläfrigkeit ist die Verbindung mit einem Gefühl von Weite, genau das Gegenteil vom Mittel gegen die Leidenschaft, der Verbindung mit dem Gefühl für den eigenen Körper. Falls du von Unwissen oder Schläfrigkeit geplagt bist, kannst du darauf achten, wie dein Atem sich in den Raum hinein auflöst; du kannst spüren, wie dein Körper in diesem Raum sitzt und von Weite umgeben ist, von der ganzen Weite außerhalb des Klosters und der Weite der ganzen Insel: sehr viel Weite. Du verbindest dich mit einem Gefühl von Weite, um dich aufzuwecken, um die Dinge aufzuhellen. Anstatt deinen Blick etwas gesenkt zu halten, kannst du ihn aufrichten, aber ohne dabei herumzuschauen.

Die Nummer Acht, »Ungeteilte Aufmerksamkeit«, hat zwei Teile, wobei die Betonung auf der Vorstellung des Neubeginns liegt. Wenn du in deinen Gedanken total verfangen bist und sie dich zum Wahnsinn treiben, kannst du aufhören zu üben. Höre einfach auf. Gib den ganzen Kampf auf. Gönne dir eine Pause. Übe eben eine gewisse Zeit nicht. Vergesse deine Haltung nicht, damit du nicht zu locker wirst, aber entspanne deinen Geist und gestatte ihm, über Dinge nachzudenken oder einfach herumzuschweifen. Entspanne dich und fange dann neu an. Der zweite Teil dieser speziellen Unterweisung ist die Erkenntnis, daß du kein Opfer von irgend etwas bist, und du bist auch kein Patient, den irgendein Arzt heilen muß. In Wirklichkeit bist du ein vernünftiger, gesunder, anständiger, grundsätzlich guter Mensch, und du kannst dein eigenes Gleichgewicht finden. Dieses Gefühl des Neubeginns läßt sich nicht nur auf deine formale Meditation, sondern auch auf dein ganzes Leben anwenden. Diese Unterweisung der ungeteilten Aufmerksamkeit bedeutet, daß man vollkommen gegenwärtig sein kann. Wenn du feststellst, daß du zerstreut bist, kannst du einfach zurückkommen und aufwachen und dir selbst einen Neubeginn gönnen. Es gibt Möglichkeiten, das zu erreichen, was du erreichen willst, und Möglichkeiten, das zu sein, was du sein willst. Du mußt dich nicht wie das Opfer deines eigenen Geistes fühlen.

Der letzte der neun Wege heißt »Ebenmäßig ruhen«. Er wird manchmal auch Versenkung genannt. Rinpoche betonte aber sehr nachdrücklich, daß hiermit kein Zustand gemeint ist, der alles andere ausschließt. Ebenmäßiges Ruhen betont lediglich die Vorstellung, daß es bei der Meditation darum geht, eine äußerst gute Freundschaft, eine vollkommen ehrliche, offenherzige Beziehung zu sich selbst zu entwickeln. Traditionell wird diese Unterweisung von einem kleinen Vers begleitet: »Wie Schwäne auf dem See schwimmen und Geier auf dem Leichengrund streunen, kannst du deinen Geist in seinem natürlichen Zustand ruhen lassen.«

Entsagung

Wenn Menschen in der formellen Zeremonie der Einweihung als Buddhist Zuflucht nehmen, bekommen sie einen Namen, der auf ihren Hauptpfad, ihr wichtigstes Fahrzeug hinweist, der sie daran erinnert, womit sie arbeiten sollen. Ich habe beobachtet, daß die meisten Menschen, die den Namen »Entsagung« erhalten, ihn hassen. Sie finden ihn ganz schrecklich; sie fühlen sich, als ob jemand ihnen den Namen »Folterkammer« oder vielleicht »Folterkammer der Erleuchtung« gegeben hätte. Den Namen »Disziplin« mögen die meisten Leute auch nicht. Doch es hängt so viel davon ab, wie man die Dinge sieht. Entsagung muß nicht unbedingt als etwas Negatives betrachtet werden. Mich hat man gelehrt, daß es bei der Entsagung darum geht, von der Zurückhaltung loszulassen. Man entsagt dem Sich-Verschließen und Sich-Abschneiden vom Leben. Man könnte sagen, daß Entsagung soviel bedeutet, wie sich für die Lehren des gegenwärtigen Augenblickes zu öffnen.

Es ist wahrscheinlich gut, als Grundlage der Entsagung unser ureigenes Selbst, unsere fundamentale Anständigkeit und unseren Humor anzusehen. In den buddhistischen Unterweisungen und den Shambhala-Lehren wie auch in den Lehren vieler anderer komtemplativer oder mystischer Traditionen wird grundsätzlich davon ausgegangen, daß die Menschen ihrem Wesen nach gut und gesund sind. Es ist, als ob jeder Mensch, der je auf Erden geboren wurde, das gleiche Geburtsrecht hat, nämlich das Recht auf ein außerordentliches Potential an Warmherzigkeit und Klarheit des Geistes. Die Menschen, die den Namen »Entsagung« mitbekommen, erkennen, daß wir bereits alles haben, was wir brauchen, daß das, was wir bereits haben, gut ist. Jeder Augenblick besitzt eine enorme Energie, und wir könnten damit Verbindung aufnehmen.

Neulich sah ich in einer Arztpraxis ein Plakat an der Wand hängen, auf dem eine alte Indianerin abgebildet war, die mit einem kleinen Kind an der Hand die Straße entlanglief. Die Bildunterschrift lautete: »Die Jahreszeiten kommen und gehen, der Sommer folgt auf den Frühling, der Herbst auf den Sommer und der Winter auf den Herbst, Menschen werden geboren und reifen heran, stehen im mittleren Alter, altern und sterben dann, und alles hat seinen Kreislauf. Auf den Tag folgt die Nacht, auf die Nacht folgt der Tag. Es ist gut, an all dem teilzuhaben.« Sobald du anfängst, diese Art von Vertrauen in die grundlegende schöpferische Kraft und die Direktheit und die Fülle, in die Lebendigkeit deiner selbst und deiner Welt zu spüren, beginnst du, die Entsagung zu begreifen.

Trungpa Rinpoche sagte einmal: »Entsagung ist die Erkenntnis, daß die Sehnsucht nach Samsara* der reinste Mist ist.« Entsagung heißt, zu erkennen, daß unser Wunsch, in einer geschützten, begrenzten, kleinlichen Welt bleiben zu wollen, verrückt ist. Sobald man eine Ahnung davon bekommt, wie groß unsere Welt und wie groß unser Potential ist, das Leben tief zu erleben, beginnt man, die Entsagung wirklich zu begreifen. Wenn wir in der Meditation dasitzen, spüren wir unseren Atem, wie er herein- und herausströmt, und wir haben ein Gefühl der Bereitschaft, uns einfach nur dem gegenwärtigen Augenblick zu öffnen. Dann verliert sich

* Der ewige Kreislauf der Existenz – der Reigen von Geburt und Tod und Wiedergeburt –, der aus Unwissen hervorgeht und durch Leid gekennzeichnet ist; in der gewöhnlichen Realität der Teufelskreis von Frustration und Leid, der als Folge von Karma (den eigenen Handlungen) entsteht.

unser Geist in allen möglichen Geschichten und Erfindungen und manipulierten Wirklichkeiten, und wir sagen uns: »Es ist nur Denken.« Wir sagen das mit viel Sanftheit und mit viel Präzision. Jedesmal, wenn wir bereit sind, uns von diesen Geschichten freizumachen, jedesmal, wenn wir bereit sind, am Ende der Ausatmung loszulassen, ist das die Essenz der Entsagung: lernen, wie man vom Festhalten und vom Sich-Zurückhalten losläßt.

Der Fluß fließt schnell den Berg hinab, und plötzlich wird er durch große Felsen und viele Bäume blockiert. Das Wasser kann nicht weiterfließen, obwohl es ungeheure Energie und Antriebskraft besitzt. Es wird dort einfach blockiert. Das passiert auch mit uns; unsere Kraft wird auf ähnliche Weise blockiert. Wenn wir am Ende der Ausatmung loslassen, unsere Gedanken loslassen, ist es, als ob man einen dieser riesigen Felsbrocken beiseiteschieben würde, so daß das Wasser weiterfließen kann, so daß unsere Energie und unsere Lebenskraft sich weiter entwickeln und vorwärtsbewegen können. Wir müssen nicht unbedingt, nur weil wir vor dem Unbekannten Angst haben, diese Blockaden, diese Barrieren errichten, die im Grunde genommen eine Verneinung des Lebens, des Spürens von Leben sind.

Entsagung bedeutet also, klar zu sehen, wie wir uns zurückhalten, wie wir uns entfernen, wie wir uns verschließen, uns abschneiden, und dann zu lernen, wie wir uns öffnen können. Sie bedeutet, ja zu sagen zu allem, was auf deinen Teller getan wird, zu allem, was bei dir anklopft, zu allem, was dich anruft. Wie wir das tatsächlich anstellen, hat damit zu tun, daß wir mit unseren Grenzen konfrontiert werden, und das ist der Augenblick, in dem wir wirklich lernen, was Entsagung bedeutet. Es gibt eine Geschichte über eine Gruppe von Menschen, die auf einen Berggipfel steigen. Der Berg stellt sich als ziemlich steil heraus, und sobald sie eine gewisse Höhe erreicht haben, schauen einige der Bergsteiger zurück und sehen, wie weit der Weg ist, und sie erstarren; sie waren an ihre Grenze gekommen und konnten nicht darüber hinausgelangen. Ihre Angst war so groß, daß sie sich nicht mehr rühren konnten. Andere trippelten vergnügt weiter und lachten und schwatzten, doch als der Weg noch steiler und beängstigender wurde, bekamen immer mehr Menschen Angst und erstarrten. Den ganzen Weg entlang gab es Stellen, wo die Menschen an ihre Grenze kamen und dort erstarrten und nicht weitergehen konnten. Diejenigen, die es bis zum Gipfel schafften, genossen den Ausblick und waren sehr froh, es bis ganz oben geschafft zu haben. Die Moral der Geschichte lautet, daß es ganz gleich ist, wo du auf deine Grenze triffst; es geht nur darum, ihr entgegenzutreten. Das Leben ist eine Reise, auf der man immer wieder mit der eigenen Grenze konfrontiert wird. Dort liegt die Herausforderung; dort ist der Punkt, wo du, wenn du ein Mensch bist, der leben will, anfängst, dir Fragen zu stellen, wie zum Beispiel: »Wieso habe ich jetzt solche Angst? Was will ich nicht sehen? Wieso gehe ich nicht weiter als nur bis hierher?« Die Menschen, die bis zum Gipfel vordrangen, waren keine Helden. Sie hatten einfach keine Angst vor Höhen; auf ihre Grenze werden sie woanders treffen. Die Menschen, die weiter unten erstarrten, waren nicht die Verlierer. Sie blieben einfach vorher stehen, und so kam ihre Lehre früher als bei den anderen. Doch früher oder später gelangt jeder an seine Grenze.

Wenn wir meditieren, schaffen wir eine Situation, in der sehr viel Raum vorhanden ist. Das hört sich schön an, aber in Wirklichkeit kann es auch beängstigend sein, denn wenn viel Raum da ist, kannst du sehr klar sehen: Du hast alles abgelegt, deine Schleier, deine Schutzschilder, deine Rüstung, deine Sonnenbrille, deine Oropax, deine dicken Pullover, deine schweren Stiefel. Schließlich stehst du da, berührst die Erde, spürst die Sonne auf deinem Körper, spürst ihre Helligkeit, hörst alle Geräusche, ohne daß irgend etwas da wäre, um es abzudämpfen. Du ziehst die Pfropfen aus der Nase, und vielleicht wirst du schöne, frische Luft riechen, oder vielleicht findest du dich mitten in einer Müllhalde oder einer Senkgrube wieder. Da Meditation die Eigenschaft hat, dich sehr nah an dich selbst und dein Erleben heranzubringen, neigt man dazu, schneller an seine Grenze zu stoßen. Nicht, daß sie nicht schon vorher da gewesen wäre, aber weil die Dinge so vereinfacht und klar sind, sieht man sie, und zwar sehr klar und deutlich.

Wie können wir Entsagung üben? Wie arbeiten wir mit dieser Tendenz, uns zu blockieren und zu erstarren und jeden weiteren Schritt in Richtung des Unbekannten zu verweigern? Wenn unsere Grenze wie eine riesige Steinmauer mit einer Tür ist, wie können wir lernen, die Tür zu öffnen und immer und immer wieder hindurchzuschreiten, damit das Leben zu einem Prozeß des Erwachsenwerdens wird, bei dem man immer mutiger und flexibler wird, immer fähiger, wie ein Rabe im Wind zu spielen?

Je wilder das Wetter ist, desto mehr lieben es die Raben. Im Winter, wenn der Wind viel stärker wird und es viel Eis und Schnee gibt, gefällt es ihnen am allerbesten. Sie fordern den Wind heraus. Sie fliegen auf die Baumspitzen und krallen sich dort mit den Klauen fest, und dann halten sie sich auch mit dem Schnabel fest. Irgendwann lassen sie einfach los und lassen sich vom Wind davontragen. Dann spielen sie im Wind, sie lassen sich wie auf einer Welle dahintreiben. Nach einer Weile fliegen sie zum Baum zurück und fangen wieder von vorne an. Es ist ein Spiel. Einmal sah ich sie, wie sie sich bei einem unglaublichen orkanähnlichen Wind gegenseitig an den Klauen festhielten und dann losließen und davonflogen. Es war wie im Zirkus. Hier auf Cape Breton sind die Tiere und

Pflanzen zäh und furchtlos, verspielt und voller Freude; die Elemente haben sie gekräftigt. Um hier überleben zu können, mußten sie einen Sinn für Herausforderung und Leben entwickeln. Was dabei herauskommt, ist, wie man sehen kann, unglaubliche Schönheit, Inspiration und Erbauung. Das gleiche gilt auch für uns.

Wenn wir die Entsagung richtig verstehen, werden wir auch anderen Menschen als Inspiration dienen, wegen unserer Helden-Qualität, unserer Krieger-Qualität, wegen der Art und Weise, wie wir ständig unseren Herausforderungen begegnen. Wenn jemand auf offenherzige, humorvolle Art mit einer schwierigen Situation umgeht wie ein Krieger, wenn jemand seinen Mut kultiviert, reagieren andere Menschen darauf, weil sie dann sehen, daß sie es auch schaffen können. Wir wissen, daß dieser Mensch nicht schon vollkommen auf die Erde kam, sondern inspiriert wurde, die Kriegerschaft und ein sanftes Herz und einen klaren Geist zu kultivieren.

Wenn du erkennst, daß du an deine Grenze gestoßen bist – du hast Angst und du bist erstarrt und blockiert –, kannst du es erkennen, weil du schon offen genug bist, um das, was passiert, auch sehen zu können. Es ist bereits ein Zeichen deiner Lebendigkeit und der Tatsache, daß du schon vieles abgeworfen hast, wenn du so klar und deutlich sehen kannst. Anstatt zu denken, du hättest einen Fehler gemacht, kannst du den gegenwärtigen Augenblick und dessen Lehre akzeptieren, oder zumindest werden wir so unterwiesen. Du kannst die Botschaft hören, und die lautet, daß du einfach dabei bist, »nein« zu sagen. Die darauffolgende Anweisung lautet nicht: »Presche vor und hacke das Ganze zu Kleinholz«, sondern sie lautet, weich zu werden, mit deinem Herzen in Verbindung zu treten und eine grundsätzliche Haltung von Großzügigkeit und Mitgefühl dir selbst, dem archetypischen Feigling, gegenüber zu entwickeln.

Die Reise des Erwachens – die klassische Reise des mythischen Helden beziehungsweise der mythischen Heldin – beinhaltet, ständig auf große Herausforderungen zu treffen und dann zu lernen, weich zu werden und sich zu öffnen. Mit anderen Worten, das Erstarrtsein scheint etwas zu tun zu haben mit Erhärten und Verweigern, während das Loslassen dieser Einstellung beziehungsweise die Entsagung einfach bedeutet, das Ganze in deinem Herzen zu spüren, zuzulassen, daß es dich im Herzen berührt. Du erweichst und hast Mitgefühl mit deiner Lage und mit dem ganzen menschlichen Zustand. Du erweichst, so daß du einfach nur dasitzen kannst mit diesen beunruhigenden Gefühlen und dich von ihnen noch mehr erweichen läßt.

Die Reise der Entsagung, der erste Schritt, zum Leben ja zu sagen, ist die Erkenntnis, daß man auf die eigene Grenze gestoßen ist, daß alles in einem nein sagt, und dann an diesem Punkt zu erweichen. Das ist eine weitere Gelegenheit, liebendes Mitgefühl mit sich selbst zu entwickeln, was in Verspieltheit mündet – darin, daß man lernt, wie ein Rabe im Wind zu spielen.

Aussenden und Hereinnehmen

Heute morgen will ich über *tonglen* sprechen, die Praxis des »Aussendens und Hereinnehmens«. Einige von euch haben die Übung schon gemacht und einige nicht, aber wenn man sie macht, ist es in jedem Fall immer wie das erste Mal.

Die *tonglen*-Praxis hat mit der Kultivierung von Furchtlosigkeit zu tun. Wenn man diese Übung einige Zeit durchführt, erlebt man das eigene Herz als offener. Man beginnt zu erkennen, daß die Furcht mit dem Wunsch verbunden ist, das eigene Herz zu schützen: Du spürst, daß etwas dein Herz verletzen wird, und deshalb schützt du es. Immer und immer wieder, in den buddhistischen Lehren, in den Shambhala-Lehren, in jeder Tradition, die uns lehren will, wie man gut lebt, werden wir dazu ermutigt, die Furchtlosigkeit zu kultivieren. Wie machen wir das? Die Praxis der sitzenden Meditation ist auf jeden Fall ein Weg, denn dadurch lernen wir uns so vollkommen und mit solcher Sanftheit kennen.

Als ich zum ersten Mal *tonglen* übte, hatte ich die *shamatha*-Übung vielleicht sieben Jahre lang gemacht. Nachdem ich diese Übung kennenlernte, war ich erstaunt zu sehen, wie ich meine *shamatha*-Übung auf subtile Weise benutzt hatte, um zu versuchen, dem Schmerz zu entgehen, der Depression oder der Entmutigung oder schlechten Gefühlen jeder Art auszuweichen. Im Grunde hatte ich, ohne daß ich es selbst wußte, insgeheim gehofft, daß ich, wenn ich die Übung machte, keinen Schmerz mehr erleiden müßte. Bei der *tonglen*-Übung lädt man den Schmerz aber ein. Das ist es, was dir die Augen öffnet, obwohl auch *shamatha* davon handelt – den Schmerz sehen, die Freude sehen, alles mit Sanftheit und Präzision sehen, ohne darüber zu richten, ohne es wegzudrängen, sich immer mehr dafür öffnen. Auch wenn es eigentlich nichts anderes ist als das, was wir die ganze Zeit schon geübt haben, wird es durch *tonglen* ganz deutlich. Ich erkannte, daß ich mich bis dahin dem Schmerz nicht voll und ganz geöffnet hatte. *Tonglen* braucht viel Mut. Interessanterweise gibt uns diese Übung aber auch viel Mut. Du beginnst vielleicht mit einem Fingerhut voll Mut und einem unbändigen Wunsch, dich für die eigene Welt öffnen und dir selbst und anderen von Nutzen zu sein. Du weißt genau, das wird heißen, daß du dich in Situationen befinden wirst, in denen alles dich provozieren und wo es ganz schön hart zugehen wird, aber dennoch hast du den Ehrgeiz, in jede Situation hineingehen und von Nutzen sein zu wollen. Du hast höchstens einen Fingerhut voll Mut, gerade Mut genug, um *tonglen* zu üben, vielleicht nur, weil du nicht weißt, worauf du dich einläßt, aber so ergeht es einem ohnehin meistens im Leben! Dann passiert aber etwas sehr Erstaunliches. Aufgrund deiner Bereitschaft, *tonglen* zu üben, stellst du nach einiger Zeit – ein paar Tagen, ein paar Monaten oder ein paar Jahren – fest, daß du inzwischen eine Teetasse voll Mut hast, daß du irgendwie, indem du diese Übung ausführst, dein Herz und deinen Mut erweckst. Mit »dein Herz erwecken« meine ich, daß du bereit wirst, das Verletzliche an dir nicht zuzudecken. Trungpa Rinpoche sprach oft davon, daß wir alle eine schwache Stelle haben und daß Negativität und Groll und all diese häßlichen Sachen auftreten, weil wir versuchen, unsere schwache Stelle zu verdecken. Das ist sehr einleuchtend: Es ist ja nur deshalb, weil du verletztlich und zutiefst berührt bist, daß du dich so stark schützen mußt. Es ist ja nur, weil du von vornherein weich bist und ein warmes Herz, eine Offenheit besitzt, daß du überhaupt beginnst, dich zu schützen.

Insbesondere bei der *shamatha*-Übung sieht man so deutlich die eigenen Schutzschilder. Man sieht, wie man das eigene

Herz in Ketten legt. Dadurch wird das Ganze schon ein bißchen leichter, und man bekommt ein bißchen Achtung vor der Einsicht und vielleicht dem Humor, die man tatsächlich besitzt. Durch *tonglen* geht dieser Prozeß aber noch ein Stück weiter, weil man sich nicht nur für die eigenen ungelösten Konflikte, die Verwirrung und den Schmerz öffnet, sondern auch für die von anderen Menschen. Und es geht sogar noch weiter als das. Meistens versuchen wir, schlechte Gefühle von uns fernzuhalten, und wenn wir uns gut fühlen, wünschen wir uns, es würde ewig dauern. Bei der *tonglen*-Übung sind wir jedoch nicht nur bereit, die schmerzhaften Dinge einzuatmen, sondern wir sind auch bereit, unsere Gefühle von Wohlbefinden, Frieden und Freude auszuatmen. Wir sind bereit, diese zu verschenken, sie mit anderen zu teilen. *Tonglen* ist genau das Gegenteil der herkömmlichen Vorgehensweise. Wenn man meditiert und dabei wirklich beginnt, sich mit etwas Größerem zu verbinden und ein Gefühl von Inspiration und Freude zu empfinden, kann einem sogar die Meditation im Gehen wie etwas Lästiges vorkommen. Wenn wir die Toilette putzen und mit Leuten reden müssen, kommt das unserer Glückseligkeit in die Quere. *Tonglen* sagt aber: »Wenn du es spürst, teile es mit anderen. Halte nicht daran fest. Verschenke es.«

Im Mahayana-Buddhismus* ist von *bodhicitta* die Rede, was soviel bedeutet wie »erwachtes Herz« oder »mutiges Herz«. *Bodhicitta* beinhaltet die Eigenschaften Sanftheit, Präzision und Offenheit, die Fähigkeit, einfach loslassen und sich aufmachen zu können. Der spezielle Zweck von *tonglen* ist das Erwecken oder Kultivieren von Bodhicitta, das heißt, dein Herz zu erwecken, dein mutiges Herz zu kultivieren. Es ist, wie wenn man ein Samenkorn begießt, damit es erblühen

---

* Mahayana: Das »Große Fahrzeug«, das eine Vision darbietet, die auf Leere, Mitgefühl und Anerkennung der universellen Buddha-Natur gegründet ist.

kann. Möglicherweise meinst du, du hättest nur diesen kleinen Fingerhut voll Mut oder vielleicht auch gar keinen Mut, aber schon der Buddha sagte: »Unsinn! Jedermann hat *bodhicitta.*« Vielleicht ist es eben nur ein kleiner Sesamsamen von *bodhicitta*, aber wenn du die Übung machst, ist es, als ob du den Samen begießen würdest, der dann wächst und gedeiht. Was in Wirklichkeit passiert, ist, daß das, was die ganze Zeit schon vorhanden war, jetzt aufgedeckt wird. *Tonglen* zu üben, bedeutet, den Staub hinwegzufegen, der deinen Schatz, der immer schon da war, zugedeckt hat.

Traditionell wird *bodhicitta* mit einem Diamanten verglichen, der jahrtausendelang mit Tonnen von Schlamm zugeschüttet war. Du könntest ihn jederzeit freilegen, und es wäre immer noch ein Diamant, unser Vermächtnis. *Bodhicitta* wird auch mit sehr reicher, rahmiger Milch verglichen, die zu Butter gemacht werden kann. Du mußt etwas Arbeit leisten, um die Butter aus dem Rahm herauszuholen. Du mußt sie buttern. *Bodhicitta* wird auch mit einem Sesamsamen verglichen, voll Sesamöl. Du mußt ein bißchen stampfen, um das Öl herauszupressen, aber es ist bereits da. Manchmal wird *bodhicitta* auch mit einem wertvollen Schatz verglichen, der, mit ein paar Lumpen zugedeckt, am Straßenrand liegt. Die Menschen laufen die ganze Zeit daran vorbei, vielleicht sogar solche, die am verhungern sind. Sie müßten nur die Lumpen hochheben, und da hätten sie den Schatz. Wir üben *tonglen*, damit wir nicht wie Blinde sein müssen, die ständig an den Juwelen vorbeilaufen, die dort liegen. Wir müssen uns nicht wie armselige Bettler fühlen, denn hier in unserem Herzen verfügen wir bereits über alles, was man sich an offener, mutiger Wärme und Klarheit nur wünschen kann. Jeder besitzt diese Eigenschaften, doch nicht jeder hat den Mut, sie heranreifen zu lassen.

Heutzutage braucht die Welt dringend Menschen, die bereit sind, ihr Herz, ihr *bodhicitta* heranreifen zu lassen. Leid und Zerstörung sind allgegenwärtig: Menschen werden von Panzern niedergemäht, oder ihre Häuser gehen in die Luft, oder Soldaten klopfen mitten in der Nacht an ihre Tür, führen sie ab, foltern sie und töten ihre Kinder und engsten Angehörigen. Menschen verhungern. Es ist eine schwere Zeit. Wir, die wir mitten im Luxus leben und ständig unsere armseligen kleinen psychischen Probleme bejammern, wir tragen eine außerordentliche Verantwortung, unsere Klarheit und unser Herz, unsere Wärme und unsere Fähigkeit heranreifen zu lassen, uns zu öffnen und loszulassen, weil es andere ansteckt. Hast du noch nie bemerkt, wie ansteckend es ist, wenn du in den Speiseraum gehst und dich hinsetzt und der eine andere Mensch, der dort sitzt, sich gut fühlt und du weißt, daß er sich gut fühlt? Du fühlst dich dann doch auch gut, als ob dieser Mensch dich gern hätte. Wenn du aber in den Speiseraum gehst, und der eine andere Mensch, der dort sitzt, fühlt sich wirklich mies, dann fragst du dich: »Was habe ich bloß gemacht?« oder »Du liebe Zeit, ich sollte wohl etwas machen, damit es ihm besser geht.« Ob du nun Kopfschmerzen oder einen Anfall von Depression hast oder was auch immer mit dir los ist – auch wenn du dich in deiner Welt zu Hause fühlst: Es ist ansteckend; es kann sich auf andere übertragen. Wir können uns gegenseitig helfen, indem wir bereit sind, mit unseren eigenen Angst, mit unseren eigenen Gefühlen der Unzulänglichlichkeit, mit unserer eigenen Depression am frühen Morgen, mit all dem zu arbeiten.

Shamatha zu üben, ist eine Art, deine Bereitschaft zu zeigen, die Dinge klar zu sehen, ohne sie zu beurteilen. *Tonglen* zu üben, ist eine Geste zur Entwicklung deines *bodhicitta*, um deiner eigenen Freude wie auch um der der anderen willen. Deine eigene Freude strahlt aus, gibt anderen den Raum, zu ihrer eigenen Freude, zu ihrer Intelligenz, ihrer Klarheit und ihrer Wärme Zugang zu finden.

Das Wesentliche an der *tonglen*-Übung ist, daß du bei der Einatmung bereit bist, Schmerz zu erfahren: Du bist bereit, den Schmerz der Welt mitzuempfinden. Von diesem Tag an wirst du deinen Mut und deine Bereitschaft kultivieren, diesen Aspekt des menschlichen Zustandes zu spüren. Du atmest ein, damit du wirklich begreifen kannst, was der Buddha meinte, als er sagte, die erste Edle Wahrheit sei, daß Leben Leiden bedeute. Was heißt das? Mit jeder Einatmung versuchst du, das herauszufinden, indem du die Wahrheit des Leidens akzeptierst, nicht als Fehler, den du gemacht hast, nicht als Strafe, sondern als Teil des menschlichen Zustandes. Mit jeder Einatmung erforschst du das Beschwerliche am menschlichen Leben, das akzeptiert und zelebriert werden kann, vor dem man nicht wegzurennen braucht. Durch *tonglen* wird das alles sehr deutlich.

Das Wesentliche an der Ausatmung ist der andere Aspekt des menschlichen Zustandes. Mit jeder Ausatmung öffnest du dich. Du verbindest dich mit den Gefühlen von Freude, Wohlbefinden, Befriedigung, Zartheit, mit allem, was sich frisch und rein, gesund und gut anfühlt. Das ist der Aspekt des menschlichen Zustandes, von dem wir uns wünschen, daß er das Gesamtbild wäre, der Teil, den wir, könnten wir nur mit unseren ganzen Problemen endlich aufräumen, am liebsten jeden Tag genießen würden. Auf der Speisekarte stünde dann: »Nichts als Freude. Hier gibt es keinen Schmerz.« Da gäbe es all die Dinge, von denen man meint, sie würden einem ewiges Glück bringen, vielleicht auch ein wenig Bitter-Süßes, ein paar Tränen, aber jedenfalls keine abgrundtiefe Verwirrung, keine dunklen Ecken, keine Schranktüren, die man nicht öffnen will, keine Monster unter dem Bett, keine häßlichen Gedanken, keinen Zorn, keine Verzweiflung, keine Eifersucht – das alles auf gar keinen Fall. Das ist die Ausatmung, der Teil, den du magst. Du verbindest dich damit, und du atmest es aus, damit es sich ausbreitet und von allen erlebt werden kann.

Um *tonglen* üben zu können, brauchst du nur zwei Dinge: Du mußt Leid erlebt haben, und du mußt Freude erlebt haben. Auch wenn du in deinem Leben nur eine einzige Sekunde Leid erlebt hast, kannst du *tonglen* üben. Auch wenn du nur eine einzige Sekunde Freude erlebt hast, kannst du *tonglen* üben. Das sind die Voraussetzungen. Mit anderen Worten, du bist ein ganz normaler Mensch, der Schmerz und Freude erlebt hat, wie jeder andere auch. Wärest du aber *genau* wie jeder andere auch, dann würdest du das Gute einatmen und das Schlechte ausatmen. Manchmal hat das auch einen gewissen Sinn. Doch dieser Pfad, der Pfad des Kriegers, ist sehr viel kühner als das: Du kultivierst ein furchtloses Herz, ein Herz, das sich unter keinen Umständen schließt; es ist immer vollkommen offen, so daß du dich von allem berühren lassen kannst.

Es gibt ein klassisches Bild des Lebensrads mit Yama, dem Todesgott, der das Rad hält. In der Mitte ist die Leidenschaft, ein Hahn; die Aggression, eine Schlange, und das Unwissen, ein Schwein. Die Speichen des Rades bilden sechs keilförmige Räume, die die sechs Reiche genannt werden. Die unteren Reiche sind das Reich der Hölle, das Reich des hungrigen Gespenstes (auch ein sehr schmerzhaftes) sowie das tierische Reich, das voll Angst und Unwissen ist, da man in diesem Reich nur das wahrnimmt, was vor der eigenen Nase ist. Die höheren Reiche sind das menschliche Reich, das Reich des eifersüchtigen Gottes und das Reich Gottes. In jedem dieser Reiche steht der Buddha, das heißt, wir selbst. Wir können unser Herz soweit öffnen, daß wir in das Reich der Hölle, das Reich des hungrigen Gespenstes, das Reich des eifersüchtigen Gottes und das Reich Gottes eintreten können – überall. Wir könnten mit unserem ganzen Herzen dort sein, vollkommen offen und ohne Angst. Das ist das Bestreben eines Bodhisattva. Wenn wir formell das Gelübde des Bodhisattva ablegen, werden wir in die *tonglen*-Übung eingewiesen. Das heißt, daß wir wirklich den Wunsch haben, furchtlos genug zu sein, um anderen helfen zu können; wir sind uns bewußt, daß wir selbst noch viel Angst haben, aber wir sind bestrebt, unser Herz vollständig aufwachen zu lassen.

So einzuatmen und auszuatmen, wie ich es beschrieben habe, ist das Mittel, um vollständig wach zu sein, in jedem Reich, das es gibt, wie ein Buddha zu sein. Wenn man anfängt, darüber nachzudenken, wie es in manchen dieser Reiche sein könnte, kann man heilfroh sein, daß man nicht dort ist, aber wenn man dort wäre, könnte man es trotz allem mit einem offenen Herzen sein. Das Wesentliche an dieser Übung ist die Bereitschaft, mit der Ausatmung die Freude, das Entzücken und das Glück des Lebens mit anderen zu teilen und mit der Einatmung den eigenen Schmerz und den der anderen voll zu spüren. Das ist die Essenz der Übung, und wenn du gar keine weitere Anweisung bekommen würdest, wäre das bereits genug.

Dennoch lautet die Anweisung wie folgt: Der erste Schritt heißt »Absolutes *bodhicitta* ausstrahlen«, und das bedeutet mehr oder weniger einfach nur sich öffnen. Der zweite Schritt besteht im Arbeiten mit den abstrakten Eigenschaften des Schmerzes, indem man ihn sich als schwarz, schwer und heiß vorstellt und in sich hineinatmet, und im Arbeiten mit den abstrakten Eigenschaften der Freude, indem man sie sich als weiß, licht und kühl vorstellt und aus sich hinausausatmet. Nach meiner Auffassung dieses Stadiums arbeitet man zuerst, bevor man an die wirklich schwierigen, problematischen Sachen kommt, mit den abstrakten Prinzipien von Schmerz und Freude und synchronisiert sie mit der Ein- und Ausatmung. Das erste Stadium ist einfach nur leerer Raum. Dann fängt man an, mit der sogenannten relativen Praxis zu arbeiten – der Menschlichkeit, unserem Alltagsleben –, indem man Schmerz einatmet, Freude ausatmet, Schwarz einatmet, Weiß ausatmet. Dann kommt man zur dritten Stufe, die eigentlich das Herzstück der Übung darstellt. Hier visualisiert man eine spezifische Situation im Leben und verbindet sich mit dem Schmerz dieser Situation. Das atmest du ein und spürst es voll und ganz. Es ist das Gegenteil der Vermeidungshaltung. Du bist völlig bereit, Schmerz zu akzeptieren und zu fühlen, sei es deinen eigenen Schmerz oder den Schmerz eines dir nahestehenden Menschen, und bei der Ausatmung läßt du das Gefühl des Öffnens und Verströmens einfach ausstrahlen.

Mit anderen Worten: Stell dir vor, daß es in deinem Leben jemanden gibt, den du absolut nicht ausstehen kannst, der, wenn du nur an ihn denkst, eine Flut negativer Gedanken in dir auslöst. Du beschließt, *tonglen* zu benutzen, um dich in dieser Situation offener, mutiger und sanfter zu fühlen. Also denkst du an diesen Menschen und kommst mit diesen schrecklichen Gefühlen in Berührung, und bei der Einatmung verbindest du dich mit ihnen – ihrer Qualität, ihrer Konsistenz, wie sie dich am Herzen packen. Nicht daß du versuchen würdest, sie zu begreifen; du spürst einfach den Schmerz. Bei der Ausatmung entspannst du dich dann, läßt los, öffnest dich, verströmst dich. Darin kannst du aber nicht sehr lange schwelgen, denn sobald du wieder einatmest, ist der Schmerz wieder da. Aber auch darin bist du nicht vollständig eingefangen, festgehalten, denn danach atmest du wieder aus – du öffnest und entspannst dich und gibst wieder ein Gefühl der Weite nach außen ab. Vielleicht willst du dich an der Freude festklammern, aber dann atmest du wieder ein. Vielleicht willst du beim Schmerz verweilen, aber dann atmest du wieder aus. Es ist, als ob du lernen würdest, wie man berührt und dann wieder losläßt – du berührst wieder und dann läßt du wieder los. Du ziehst weder den Schmerz der Freude noch die Freude dem Schmerz vor; du pendelst ständig hin und her.

Nachdem du eine Weile mit der konkreten Situation, dem konkreten Menschen gearbeitet hast und aufrichtig mit dem Schmerz und mit deiner Fähigkeit, dich zu öffnen und loszulassen, in Kontakt getreten bist, gehst du in der Übung einen Schritt weiter – du führst sie für alle Lebewesen aus. Das ist ein wesentlicher Punkt in bezug auf *tonglen*: Über dein eigenes Erleben von Freude und Schmerz erkennst du deine Verwandtschaft mit allen Lebewesen; dadurch lernst du, an der Freude und am Schmerz all derjenigen teilzuhaben, die bereits gelebt haben, die jetzt leben und die in Zukunft leben werden. Du akzeptierst, daß das unangenehme Gefühl, das du hast, wenn du an diese bestimmte Person denkst, etwas ist, was alle Menschen kennen, und daß die Freude, die du empfindest, das Gefühl, dich öffnen und loslassen zu können, ebenfalls das Geburtsrecht aller Menschen ist. Du atmest den gleichen Schmerz in dich hinein, aber jetzt denkst du dir: »Laß mich ihn fühlen, damit sonst niemand auf der ganzen Erde ihn fühlen muß.« Mit anderen Worten, er wird nützlich. »Ich fühle mich elend, ich bin deprimiert. Gut. Laß es mich voll und ganz fühlen, damit es sonst niemand fühlen muß, damit die anderen davon frei sein können.« Dein Herz beginnt wachzuwerden, weil du dieses Bestreben hast, dir selbst zu sagen: »Dieser Schmerz kann für andere von Nutzen sein, weil ich mutig genug sein kann, ihn voll und ganz zu spüren, damit niemand sonst ihn spüren muß.« Bei der Ausatmung sagst du: »Laß mich alles Gute oder Wahre, was ich jemals spüre, weggeben, alles Humorvolle, den Genuß, den das Auf- oder Untergehen der Sonne mit sich bringt, jedes Gefühl der Freude an der Welt, damit alle anderen an dieser Empfindung teilhaben und sie spüren können.«

Hier gilt also auch: Der erste Schritt besteht darin, eine gewisse Offenheit und Weite auszustrahlen. Der zweite bedeutet, das Schwarze ein- und das Weiße auszuatmen. Der dritte ist die geistige Verbindung mit einer für uns realen Situation und der vierte die Ausdehnung dieser Empfindung auf alle Lebewesen.

Immer dann, wenn ich die Anweisungen für die *tonglen*-Übung gebe, passiert etwas Interessantes: Die Zuhörenden fangen an einzuschlafen. Es ist nämlich ganz schön schwer, sich diese Dinge anzuhören. Ich habe nie die Anweisungen für *tonglen* gegeben, ohne zu beobachten, daß mindestens drei Leute völlig weg waren und die anderen sich wahrscheinlich alle sehr schläfrig fühlten. Gleichermaßen wirst du, wenn du tatsächlich anfängst, diese Übung zu machen, am Anfang wahrscheinlich sehr oft einschlafen. Das solltest du aber nicht als Hindernis sehen. Diese Übung wird dich dennoch mit der Vorstellung vertraut machen, daß du sowohl Leid als auch Freude empfinden kannst – daß beide Teil des menschlichen Lebens sind. Wenn wir auch nur eine Sekunde am Tag bereit sind, danach zu streben, den eigenen Schmerz und die eigene Freude zu benutzen, um anderen zu helfen, werden wir immer mehr in die Lage versetzt, dies tatsächlich auch zu tun. Indem du furchtloser wirst, wird dein *bodhicitta* mit jedem Tag deines Lebens immer mehr reifen, und das wird für andere von großem Nutzen sein.

Zuflucht nehmen

Heute möchte ich vom Zuflucht-Nehmen in den Drei Juwelen – dem Buddha, dem Dharma und dem Sangha – sprechen und erläutern, was das nun wirklich bedeutet.

Als Neugeborene sind wir voll und ganz darauf angewiesen, daß andere sich um uns kümmern; sonst bekämen wir nichts zu essen und wären nicht sauber. Wären wir nicht auf diese Weise hilflos, würde uns keine Fürsorge zuteil. Im Idealfall ist diese Zeitspanne, in der wir Fürsorge empfangen, eine Zeit, in der *maitri*, liebende Zuwendung, in uns genährt werden kann. Die Shambhala-Lehren sagen uns, daß der junge Krieger, der neugeborene Krieger, in die Wiege der liebenden Zuwendung gelegt wird. Im Idealfall, das heißt unter Menschen, die danach streben, eine erleuchtete Gesellschaft zu erschaffen, kann der Einzelne während dieser Zeit, in der er Fürsorge empfängt, auf natürliche Weise liebende Zuwendung und Selbstachtung entwickeln, sich mit sich selbst entspannt und zu Hause zu fühlen. Damit wäre ein Urgrund geschaffen. In einer erleuchteten Gesellschaft gäbe es, wie bei vielen traditionellen Völkern, irgendeinen zeremoniellen Übergangsritus, mit dem das Kind formell in den Status des jungen Mannes beziehungsweise der jungen Frau eingeführt wird. In unseren westlichen Gesellschaften sieht es aber so aus, als seien wir zu Beginn unseres Lebens allzu oft die Opfer nicht ausreichender Fürsorge und uns deswegen nicht darüber im klaren, wann wir schließlich Erwachsene geworden sind. Im Alter von fünfzig, sechzig oder siebzig fragen sich immer noch einige von uns, was sie werden sollen, wenn sie erwachsen sind. Im Grunde unseres Herzens bleiben wir alle Kinder, das heißt also grundsätzlich Theisten.

Ob wir nun das Gefühl haben, wir hätten nicht genügend Fürsorge bekommen, oder ob wir uns darüber freuen, daß das Gegenteil der Fall war, ganz gleich, wie unsere Situation nun ist – im gegenwärtigen Augenblick haben wir stets die Möglichkeit zu erkennen, daß der Urgrund jeder weiteren Entfaltung darin besteht, uns selbst gegenüber liebende Zuwendung zu entwickeln. Als Erwachsene können wir anfangen, uns selbst gegenüber ein Gefühl liebender Zuwendung zu kultivieren – ganz allein, ganz für uns. Beim gesamten Prozeß der Meditation geht es darum, diesen Urgrund, diese Wiege liebender Zuwendung zu schaffen, wo wir tatsächlich Fürsorge empfangen. Was auf diese Weise Fürsorge empfängt, ist unser Vertrauen in unsere eigene Weisheit, unsere eigene Gesundheit, unseren Mut, unsere Gutherzigkeit. Wir entwickeln ein gewisses Bewußtsein dafür, daß die Art und Weise, wie wir sind – die Art von Persönlichkeit, die wir besitzen, die Art, wie wir das Leben zum Ausdruck bringen –, gut ist und daß wir dadurch, daß wir voll und ganz wir selbst sind und dieses Sein voll akzeptieren und achten, auf dem Urgrund der Kriegerschaft stehen.

Den Ausdruck »Zuflucht nehmen« habe ich immer sehr merkwürdig gefunden, weil die Vorstellung, zu etwas »Zuflucht zu nehmen«, theistisch, dualistisch und unselbständig klingt. Ich erinnere mich noch sehr klar daran, wie ich einmal während einer Zeit großen Stresses in meinem Leben *Alice im Wunderland* las. Alice wurde für mich zu einer Heldin, weil sie, als sie in dieses schwarze Loch fiel, sich einfach voll und ganz fallen ließ. Sie krallte sich nicht am Rand fest, sie war nicht zu Tode erschrocken, sie versuchte nicht, ihren Fall zu bremsen; sie fiel einfach, und während sie hinabfiel, sah sie sich die Dinge an. Als sie dann landete, war sie an einem neuen Ort. Sie nahm nirgendwo Zuflucht. Früher war ich bestrebt, so zu sein, weil ich sah, wie ich beim bloßen Anblick des Loches zu schreien anfing und mich überall festkrallte, nirgendwo hingehen wollte, wo es keine helfende Hand gab, die mich leitete.

In jedes menschliche Leben (ob mit oder ohne Übergangsritus) wird man geboren, und man wird allein geboren. Allein kommt man durch den Geburtskanal, allein schießt man heraus, und anschließend beginnt ein ganzer Prozeß. Wenn man schließlich stirbt, stirbt man auch allein. Niemand geht mit. Die Reise, die du machst, ganz gleich, welche Vorstellungen du dir von dieser Reise machst, machst du allein. Die grundsätzliche Idee des Zuflucht-Nehmens beruht darauf, daß wir zwischen Geburt und Tod allein sind. Deshalb bedeutet Zuflucht-Nehmen im Buddha, im Dharma und im Sangha nicht, in ihnen Trost zu finden, wie ein Kind bei Mutter und Vater Trost finden könnte. Es handelt sich vielmehr um einen grundsätzlichen Ausdruck des Bestrebens, aus dem Nest herauszuspringen, ob man sich dafür bereit fühlt oder nicht, den Übergangsritus durchzumachen und erwachsen zu werden, ohne eine Hand, an der man sich festhalten kann. Es ist ein Ausdruck der Erkenntnis, daß der einzige Weg, die wirkliche Reise des Lebens zu beginnen, darin besteht, den Urgrund der liebenden Zuwendung und der Selbstachtung zu spüren und dann zu springen. In gewisser Hinsicht erreichen wir nie den Punkt, an dem wir uns hundertprozentig sicher fühlen: »Ich habe meine Wiege der Fürsorge genossen. Nun ist es vorbei. Ich kann springen.« In Wirklichkeit sind wir ständig damit beschäftigt, weiterhin *maitri* zu entwickeln und aufs neue zu springen. Vor ein paar Tagen sprach ich davon, wie es ist, wenn wir an unsere Grenze kommen, und vom Wunsch, uns an etwas festzuhalten, wenn wir an diese Grenze kommen. Dann sehen wir nämlich, daß wir noch mehr liebende Zuwendung, noch mehr Selbstachtung, noch mehr Selbstvertrauen in uns nähren müssen. Wir arbeiten daran und springen immer wieder aufs neue.

Für uns bedeutet Zuflucht-Nehmen also, daß wir die Fesseln lösen, die Nabelschnur durchtrennen und uns allein auf die Reise der vollständigen Menschwerdung begeben, ohne uns von anderen Bestätigung zu erhoffen. Zuflucht zu nehmen, ist die Art und Weise, wie wir damit beginnen, die Offenheit und die Gutherzigkeit zu kultivieren, die es uns ermöglicht, immer weniger unselbständig zu sein. Wir könnten uns sagen: »Wir sollen nicht mehr unselbständig sein, wir sollen lieber offen sein«, aber darum geht es nicht. Es geht vielmehr darum, daß man dort beginnt, wo man ist, daß man sieht, was für ein Kind man ist, und das nicht kritisiert. Das heißt, du beginnst, mit viel Humor und Großzügigkeit dir selbst gegenüber, zu erforschen, wo du dich überall festklammerst, und jedesmal, wenn du dich festklammerst, erkennst du: »Aha! Da ist der Punkt, an dem ich mit meiner Achtsamkeit, meiner *tonglen*-Übung und allem, was ich tue, aus meinem ganzen Leben einen Prozeß mache, über den ich lerne, mit mir selbst Freundschaft zu schließen.« Dieses Bedürfnis, sich festzuklammern, sich an der Hand festzukrallen, dieser Schrei nach der Mutter, zeigt dir andererseits auch, daß sich genau *dort* der Rand des Nests befindet. Genau dort hindurchzuschreiten, den Sprung zu wagen, wird zur Motivation, um *maitri* zu kultivieren. Du erkennst, daß du, wenn du es schaffst, über diese Schwelle zu treten, vorwärts gehst, erwachsener wirst, mehr zur vollständigen Person wirst, in zunehmendem Maße ganz wirst.

Mit anderen Worten: Das einzige wirkliche Hindernis ist das Unwissen. Wenn du »Mama!« schreist oder wenn du eine Hand suchst, an der du dich festhalten kannst, wenn du dich weigerst, die Situation in ihrer Gesamtheit zu betrachten, bist du nicht in der Lage, sie als eine Lehre zu sehen, als eine Inspiration, damit du erkennen kannst, daß du genau an diesem Punkt weitergehen könntest, daß du gerade an dieser Stelle dich selbst mehr lieben könntest. Wenn du es *nicht* fertigbringst, dir in diesem Moment selbst zu sagen: »Das hier will ich mir näher anschauen, weil es genau das ist, was ich tun muß, um diese Reise des Vorwärtsgehens, des Sich-Immer-Weiter-Öffnens fortzusetzen«, dann hast du dich dem Hindernis des Unwissens verschrieben.

Mit Hindernissen zu arbeiten, ist die Reise des Lebens. Der Krieger trifft immer wieder auf seine Drachen. Natürlich bekommt es der Krieger mit der Angst zu tun, insbesondere vor der Schlacht. Es macht einfach Angst. Doch mit zartem, bebendem Herzen erkennt der Krieger, daß er – oder sie – dabei ist, ins Unbekannte vorzustoßen, und dann zieht er aus, um dem Drachen zu begegnen. Der Krieger erkennt, daß der Drache nichts weiter ist als noch nicht abgeschlossene Angelegenheiten, die sich auf diese Weise präsentieren, und daß es in Wirklichkeit darum geht, mit der Angst zu arbeiten. Der Drache ist nichts als ein Film, der sich da abspult, und er nimmt viele verschiedene Formen an: die des Liebhabers, der uns sitzenließ, der Mutter oder des Vaters, die uns nicht genug liebten, die des Menschen, der uns schlecht behandelte. Wir arbeiten im Grunde mit unserer Angst und unserer Zurückhaltung, die nicht unbedingt als Hindernisse zu sehen sind. Das einzige Hindernis ist das Unwissen, diese Weigerung, unsere nicht abgeschlossenen Angelegenheiten anzuschauen. Sagt der Krieger jedesmal, wenn er auszieht, um dem Drachen zu begegnen: »Huch, schon wieder so ein Drache! Da bringe ich mich aber lieber in Sicherheit« und haut dann einfach ab, so wird das Leben zu einer sich endlos wiederholenden Geschichte von morgens aufstehen, rausgehen, dem Drachen begegnen, »nichts da« sagen und wieder abhauen. Verhält man sich so, dann wird man immer scheuer, immer ängstlicher und immer mehr zum unselbständigen Kleinkind. Es ist niemand da, der einem wirklich Fürsorge spendet, aber man liegt immer noch in dieser Wiege und drückt sich ständig vor den Übergangsriten.

Deshalb sagen wir, wir nehmen Zuflucht im Buddha, wir nehmen Zuflucht im Dharma, wir nehmen Zuflucht im Sangha. Beim *oryoki*-Essensgesang sagen wir: »Die Tugenden des Buddha sind unermeßlich« und »Ich werfe mich vor dem Buddha nieder, ich werfe mich vor dem Dharma nieder, ich werfe mich vor dem Sangha nieder, ich werfe mich mit Hochachtung und immer vor diesen Dreien nieder.« Es geht dabei nicht darum, im Buddha, im Dharma und im Sangha Trost zu finden. Es geht nicht darum, daß wir uns niederwerfen, damit wir uns sicher fühlen. Der Buddha, sagen wir traditionell, ist ein Beispiel dessen, was auch wir sein können. Der Buddha ist der Erwachte, und auch wir sind der Buddha. Es ist sehr einfach. Wir sind der Buddha. Das ist keine bloße Redensart. Wir sind der Erwachte, das heißt der, der ständig den Sprung wagt, der sich ständig öffnet, der ständig vorwärtsgeht. Es ist nicht einfach, und der Prozeß geht mit viel Angst, mit viel Groll und vielen Zweifeln einher. Das bedeutet es, Mensch zu sein, das bedeutet es, Krieger zu sein. Ganz zu Beginn, wenn du die Wiege der liebenden Zuwendung verläßt, bist du in einen wunderschönen Panzer gekleidet, weil du in gewissem Sinne gut geschützt bist und dich sicher fühlst. Dann durchläufst du den Übergangsritus, du beginnst, den Panzer abzulegen, von dem du vielleicht die Illusion hattest, er würde dich vor irgend etwas schützen, aber schließlich hast du festgestellt, daß er dich davon abhält, vollkommen wach und lebendig zu sein. Dann gehst du vorwärts und begegnest dem Drachen, und jede Begegnung zeigt dir, wo noch ein Stück Panzer ist, das du ablegen kannst.

Im Buddha Zuflucht zu nehmen, bedeutet, daß du bereit bist, dein Leben damit zuzubringen, deine Wachheit zu erkennen oder dich wieder mit ihr zu verbinden, zu lernen, daß du bei jeder Begegnung mit dem Drachen ein weiteres Stück vom Panzer ablegst, und insbesondere vom Panzer, der dein Herz schützt. Das machen wir hier in diesem *daithun*: den Panzer ablegen, unsere Schutzmechanismen ablegen, alles ablegen, was unsere Weisheit, unsere Sanftheit und unsere Wachheit zudeckt. Wir versuchen nicht, etwas zu sein, was wir nicht sind; wir entdecken uns vielmehr wieder, verbinden uns mit unserem Wesenskern. Wenn wir also sagen: »Ich nehme Zuflucht im Buddha«, so heißt das: Ich nehme Zuflucht im Mut und im Potential der Furchtlosigkeit, die mit dem Ablegen des Panzers einhergehen, der meine Wachheit zudeckt. Ich bin wach; ich werde mein Leben damit zubringen, diesen Panzer abzulegen. Kein anderer kann es für mich tun, weil kein anderer weiß, wo die Schlösser verborgen sind, wo der Panzer fest zugenäht ist, wo es besonders viel Mühe erfordern wird, diesen speziellen Eisenfaden zu lösen. Vielleicht habe ich einen Reißverschluß, der von oben bis unten verläuft und mit Vorhängeschlössern zusätzlich gesichert ist. Jedesmal, wenn ich dem Drachen begegne, schließe ich so viele Schlösser auf, wie ich kann; zum Schluß werde ich irgendwann den Reißverschluß ganz öffnen können. Ich könnte dir zum Beispiel sagen: »Es ist doch ganz einfach. Wenn du dem Drachen begegnest, schließt du einfach eines deiner Vorhängeschlösser auf, und dann geht dein Reißverschluß auf.« Und du sagst dann: »Wovon redet sie nur?« Denn *du* hast unter deinem linken Arm eine Naht, mit Eisenfaden zugenäht. Jedesmal, wenn *du* dem Drachen begegnest, mußt du diese spezielle Schere herausholen, die du mit all deinen Schätzen in einer besonderen Kiste versteckt hast, und einige dieser Fäden durchschneiden, so viele du wagst, bis du dich vor Angst übergeben mußt und sagst: »Das reicht jetzt.« Dann beginnst du, viel wacher zu sein, viel stärker mit deiner Buddha-Natur, mit dem Buddha in Verbindung zu stehen – zu wissen, was es heißt, im Buddha Zuflucht zu nehmen. Und dann sagst du dem nächsten Menschen, dem du begegnest: »Es ist doch ganz einfach. Du mußt nur deine kleine Schere aus deiner Schatzkiste holen und dann ...« – und die betreffende Person schaut dich komisch an und sagt: »Wovon redet er nur?«, weil *sie* nämlich riesengroße Stiefel hat, ihr bis über den Kopf reichen. Diese Stiefel kann man nur von den Sohlen her ausziehen, und sie weiß, daß sie jedesmal, wenn sie dem Drachen begegnet, die Stiefel von der Sohle her abschälen muß. Deswegen mußt du es allein machen. Die grundlegende Anweisung lautet einfach: Fang an, den Panzer abzulegen. Das ist alles, was dir irgend jemand sagen kann. Niemand kann dir sagen, wie du es anstellen sollst, weil du der einzige bist, der weiß, wie du dich überhaupt da eingesperrt hast.

Im Dharma Zuflucht zu nehmen, heißt traditionell, in den Lehren des Buddha Zuflucht zu nehmen. Die Lehre des Buddha lautet: Laß los und öffne dich deiner Welt. Erkenne, daß der Versuch, dein Revier zu schützen, deinen Lebensbereich abzuriegeln und sicher zu halten, von Elend und Leid begleitet ist. Dadurch wirst du in einer sehr kleinen, dumpfigen, übelriechenden, introvertierten Welt festgehalten, die mit zunehmendem Alter immer enger wird und immer mehr Leid erzeugt. Mit zunehmendem Alter wird es immer schwerer, den Weg aus dieser Enge zu finden. Als ich etwa zwölf war, las ich eine Serie in der Zeitschrift *Life*, »Religionen der Welt«. Im Artikel über Konfuzius stand sinngemäß der folgende Gedanke: Falls man bis zum Alter von fünfzig sein Leben damit zugebracht hat, den Panzer abzulegen (Konfuzius drückte das natürlich mit anderen Worten aus), dann hat man ein geistiges Muster aufgebaut, das für den Rest des Lebens so weiterlaufen wird. Man wird einfach immer weiter den Panzer ablegen. Hat man sich aber bis zum Alter von fünfzig darin perfektioniert, den Panzer um jeden Preis anzubehalten, den Reißverschluß um jeden Preis zuzulassen, die Stiefel um keinen Preis abzulegen, dann kann kommen, was wolle: Man könnte von einem Erdbeben zertrümmert werden, und wenn man seine Einzelteile dann doch noch irgendwie zusammenbringt, wird es danach trotzdem sehr schwer sein, sich zu verändern. Ob dieser Gedanke stimmt oder nicht, er hat mir jedenfalls im Alter von zwölf Jahren eine Heidenangst eingejagt. Er wurde zur wichtigsten Triebfeder in meinem Leben. Ich war fest entschlossen, irgendwie zu wachsen anstatt hängenzubleiben.

Im Dharma – in den Lehren des Buddha – Zuflucht zu nehmen, ist also der Kern der Sache. Von einer breiteren Perspektive aus gesehen, bedeutet der Dharma auch dein ganzes Leben. Die Lehren des Buddha handeln vom Loslassen und Sich-Öffnen. Das tust du in der Art und Weise, wie du mit den Menschen in deinem Leben umgehst, wie du mit den Situationen umgehst, in denen du dich befindest, wie du mit deinen Gedanken, deinen Gefühlen umgehst. Der Sinn deines Lebens besteht nicht darin, viel Geld zu verdienen, die perfekte Ehe zu führen oder Gampo Abbey aufzubauen. Er besteht in keinem dieser Dinge. Du hast ein bestimmtes Leben, und das Leben, das du führst, wie es auch immer sein mag, ist ein Mittel, um wachzuwerden. Bist du Schauspielerin, dann ist das das Mittel, um wachzuwerden. Bist du Bauarbeiterin, dann ist das das Mittel, um wachzuwerden. Bist du Rentner, der jetzt dem Alter begegnen muß, dann ist das das Mittel, um wachzuwerden. Bist du allein und einsam und wünschst dir, daß du einen Partner hättest, dann ist das das Mittel, um wachzuwerden. Bist du von einer riesigen Familie umgeben und wünschst dir, du hättest etwas mehr Zeit für dich, dann ist das das Mittel, um wachzuwerden. Was du auch immer hast, das ist das Mittel. Es gibt keine bessere Situation als die, in der du steckst. Sie ist maßgeschneidert. Sie wird dir alles zeigen, was du wissen mußt, um zu sehen, wo dein Reißverschluß hängengeblieben ist und wo du einen Sprung nach vorne machen kannst. Das bedeutet es also, im Dharma Zuflucht zu nehmen. Es hat damit zu tun, offenen Raum um sich zu schaffen, anstatt sich im Panzer versteckt zu halten.

Im Sangha Zuflucht zu nehmen, ist etwas sehr Ähnliches. Es bedeutet nicht, daß wir in einen Klub eintreten, wo wir alle gute Freunde sind, zusammen über Buddhismus diskutieren, weise nicken und alle anderen kritisieren, die nicht so glauben wie wir. Im Sangha Zuflucht zu nehmen, bedeutet, Zuflucht zu nehmen in der Bruderschaft beziehungsweise Schwesternschaft von Menschen, die sich dazu verpflichtet haben, ihren Panzer abzulegen. Wenn wir in einer Familie leben, in der alle Mitglieder sich dazu verpflichtet haben, ihren Panzer abzulegen, dann ist eines der kraftvollsten Mittel, mit dessen Hilfe wir das lernen können, die Rückmeldung, die wir uns gegenseitig geben, die Zuwendung, die wir uns gegenseitig zeigen. Die normale Reaktion darauf, daß jemand sich selbst bemitleidet und anfängt zu jammern, ist, der betreffenden Person auf die Schulter zu klopfen und zu sagen: »Oh du Arme« oder aber »Menschenskind, jetzt reicht's aber.« Wenn du dich aber verpflichtet hast, deinen Panzer abzulegen, und der andere auch, dann gibt es einen Weg, wie du dieser Person tatsächlich das Geschenk des Dharma zukommen lassen kannst. Mit großer Zuwendung und Liebe kannst du ihr aus deiner eigenen Erfahrung dessen, was möglich ist, die Weisheit zuteil werden lassen, die irgendein anderer wahrscheinlich am Tag davor dir schenkte, als *du* dich so elend fühltest. Du ermutigst sie dazu, sich nicht in ihrem Selbstmitleid zu verlieren, sondern zu erkennen, daß es sich dabei um eine Gelegenheit zum Wachsen handelt und daß es jedem Menschen hin und wieder so ergeht. Mit anderen Worten: Sangha bedeutet Menschen, die sich dazu verpflichtet haben, sich gegenseitig beim Ablegen ihres Panzers zu helfen, indem sie ihre Schwäche oder ihre Neigung, den Panzer anzubehalten, nicht unterstützen. Wenn wir sehen, wie der andere zusammenbricht oder aber hartnäkkig behauptet: »Nein, dieser Panzer ist mir ganz lieb«, dann haben wir eine Gelegenheit, etwas darüber zu sagen, daß sich unter diesem Panzer lauter schwelende Wunden verbergen und ein bißchen Sonnenlicht bestimmt nicht schaden würde. Das meint man mit Zuflucht-Nehmen im Sangha.

Vom konventionellen Standpunkt aus gesehen, ist das Zuflucht-Nehmen in den Drei Juwelen überhaupt keine Zuflucht. Es ist, wie wenn man nach einem Schiffbruch eine einsame Insel mitten im Ozean findet – »Gott sei Dank! Land!« – und dann dort steht und zuschaut, wie die Insel Tag für Tag vom Wasser aufgefressen wird. So ist das Zuflucht-Nehmen im Buddha, im Dharma und im Sangha.

Wenn wir unser Bedürfnis, den Panzer abzulegen, erkannt haben, können wir Zuflucht nehmen in unserer Wachheit und unserer Entschlossenheit, das Ganze nicht mehr zuwachsen zu lassen, indem wir im Buddha Zuflucht nehmen. Wir können in den Lehren des Buddha Zuflucht nehmen, und wir können Zuflucht nehmen im Sangha, in unserer Familie, jenen Menschen, die sich dazu verpflichtet haben, den Lehren des Buddha zu folgen, mit denen wir Unterstützung und Inspiration teilen können.

Trungpa Rinpoche gab eine Definition des Zuflucht-Nehmens, die vor ein paar Tagen hier an unserem Schwarzen Brett hing. Sie beginnt mit einer absoluten Feststellung: »Da alle Dinge nackt, frei von Dunkelheit sind, gibt es nichts, was man erreichen oder erkennen könnte.« Dann aber geht der Rinpoche weiter und macht das Ganze sehr praktisch: »Die tägliche Übung besteht schlicht und einfach darin, für alle Situationen und Gefühle und Menschen vollkommenes Annehmen, vollkommene Offenheit zu entwickeln. Ein vollkommenes Annehmen, eine vollkommene Offenheit allen Situationen, Gefühlen und Menschen gegenüber, alles voll und ganz, ohne

jede Zurückhaltung oder Blockade erleben, so daß man sich nie zurückzieht oder sich nur auf sich selbst konzentriert.«
Deshalb üben wir.

Weder Samsara noch Nirvana vorziehen

Heute morgen möchte ich darüber sprechen, was es heißt, weder Samsara noch Nirvana vorzuziehen.* Viele der *mahamudra*-Lehren** über das Wesen des Geistes sprechen von Stille und Geschehen. Wollte man alle Phänomene auf ihre Essenz reduzieren, dann gäbe es nur Stille und Geschehen: Raum und das, was was ständig aus dem Raum heraus geboren wird und in den Raum zurückkehrt – Stille und Geschehen. Manchmal nennt man es auch Hintergrund und Vordergrund. Das, worüber ich sprechen will, hat jedenfalls damit zu tun, weder die Stille noch das Geschehen vorzuziehen, oder man könnte auch sagen, weder die Geschäftigkeit von Samsara noch die Stille von Nirvana vorzuziehen.

Meistens hat man irgendeine Präferenz. Es gibt zwei weit verbreitete Formen menschlicher Neurose. Die eine ist da, wenn man sich von Sorgen, Angst und Hoffnung ergreifen läßt, wenn man sich etwas wünscht oder nicht wünscht: eine bestimmte Arbeit, eine Familie, Liebesaffären, Häuser, Autos, Geld, Urlaub, Unterhaltung, die Berge, die Wüste, Europa, Mexiko, Jamaika, das Schwarze Loch von Kalkutta, Gefängnis, Krieg, Frieden und so weiter und so fort. Viele von uns lassen sich von allem, was geschieht, irgendwie ergreifen, als wären sie in einem Wasserstrudel gefangen. Im Samsara versuchen wir ständig, uns vom Schmerz fernzuhalten, indem wir nach dem Vergnügen suchen, und dadurch tun wir nichts

* Samsara ist der Teufelskreis der Existenz; Nirvana ist die Beendigung von Unwissen und einander widerstreitenden Gefühlen und somit die Befreiung vom zwanghaften Wiedergeborenwerden im Samsara.

** Mahamudra ist der Zustand, in dem alle Erfahrungen in transzendentes Wissen und fähiges Handeln verwandelt werden.

anderes, als uns ewig im Kreise zu drehen. Mir ist heiß, und deshalb öffne ich alle Fenster. Dann friere ich, und deshalb ziehe ich einen Pullover an. Dann juckt es, und deshalb creme ich mir die Arme ein, und dann klebt es, und deshalb gehe ich mich duschen. Dann friere ich, und deshalb schließe ich das Fenster und so weiter und so fort. Ich fühle mich einsam und so heirate ich, aber dann streite ich immer mit meinem Mann oder meiner Frau, und deshalb gehe ich eine andere Liebesaffäre ein, und dann droht mein Partner, mich zu verlassen, und ich bin ganz verwirrt, was ich als nächstes machen soll und so weiter und so fort. Wir versuchen ständig, uns aus dem Topf voll kochendem Wassers in irgendeine Art von Kühle zu retten, versuchen immer auszuweichen und kommen deswegen nie wirklich ganz zur Ruhe und dazu, zu genießen, was ist. Das ist Samsara. Mit anderen Worten, irgendwie haben wir eine Präferenz für das Geschehen, und deshalb funktionieren wir immer in diesem Bezugsrahmen, daß wir versuchen, durch politische Überzeugungen und Philosophien und Religionen und alles mögliche zur Zufriedenheit zu finden, aus allem, was geschieht, Freude herauszuschlagen.

Die zweite Neurose, die ebenso weit verbreitet ist, erfolgt, wenn man sich vom Frieden oder von der Ruhe oder von der Befreiung oder der Freiheit einfangen läßt. Als ich einmal auf Reisen war, lernte ich eine Gruppe von Menschen kennen, die überzeugt war, daß irgendein Raumschiff bald landen und sie von der Erde wegzaubern würde. Sie warteten darauf, daß die fliegenden Untertassen kommen und sie von der Grobheit dieser Erde befreien würden. Sie sprachen davon, sich über das Schreckliche im Leben zu erheben, in die Weite und Klarheit und Glückseligkeit des völligen Freiseins von allen Hindernissen einzutreten, völlig frei zu sein. Der Raumschiff würde sie an einen Ort bringen, an dem es keinerlei Probleme geben würde. Auf subtile Art denken wir alle so. Haben wir ein Erlebnis von Klarheit oder Glückseligkeit, so wollen wir, daß es weitergeht. Ein Großteil des Suchtverhaltens kommt daher, daß man sich auf ewige Zeit gut fühlen will, aber meistens funktioniert das schließlich und endlich nicht. Es ist jedoch eine sehr häufige Neurose, für immer im Raum schweben zu wollen. Einige Freunde von mir beschlossen in den siebziger Jahren, jeden Tag LSD zu nehmen, damit sie einfach nur »da draußen« bleiben konnten. Man kann sich sein Leben auch so einrichten, daß es sehr ruhig, sehr glatt, sehr einfach verläuft. Man identifiziert sich so sehr damit, daß man es für immer so halten möchte. Man sträubt sich gegen jede lärmende Situation, wie wenn zum Beispiel ein Haufen Kinder oder Hunde hereinplatzt und alles durcheinanderbringt. Es gibt auch Menschen, die ungeheure Einsichten in das Wesen der Wirklichkeit haben und sie als weitläufig und wunderbar sehen – das, was manchmal als der »Einblick in das Heilige« bezeichnet wird –, aber sie sind absolut unzufrieden mit dem gewöhnlichen Leben. Anstatt daß dieser Einblick in das Heilige ihr Leben bereichern würde, fühlen sie sich in immer stärkerem Maße von Armut heimgesucht. Oft gehen Menschen von einer Neurose in eine Psychose über, weil sie diese Weitläufigkeit, die Synchronizität mancher Situationen, die Weite der Dinge und die Funktionsweise der Welt erkennen, sich aber dann an ihrer Einsicht festkrallen und dort hängenbleiben. Es wurde bereits und äußerst zutreffend behauptet, daß der psychotische Mensch in derselben Substanz ertrinkt, in der der Mystiker schwimmt.

Was ich hier sagen will, ist, daß das Ego alles und jedes benutzen kann, um sich selbst neu zu erschaffen, ob es nun Geschehen oder Weite ist, ob es das ist, was wir als Samsara bezeichnen, oder das, was wir Nirvana nennen. Viele religiöse Gruppen haben eine Präferenz dafür, von der Erde und vom Leid der Erde loszukommen und nie wieder diese Schrecklichkeiten erleben zu müssen. – »Lassen wir es alles hinter uns und ruhen wir im Nirvana.« In unserem *oryoki*-Essensgesang sagen wir, daß der Buddha »nicht im Nirvana wohnt. Er wohnt in der letztendlichen Vollkommenheit.« Man könnte das so verstehen, daß, wenn er nicht im Nirvana wohnt, die letztendliche Vollkommenheit etwas damit zu tun haben muß, daß man erkennt, daß Samsara und Nirvana eins sind, daß man weder die Stille noch das Geschehen vorzieht, sondern mit beiden voll und ganz zu leben vermag.

Kürzlich sah ich in der Küche einer Freundin ein Zitat aus einem Vortrag von Chögyam Trungpa Rinpoche an der Wand hängen, das folgenden Wortlaut hatte: »Halte die Traurigkeit und den Schmerz von Samsara in deinem Herzen und gleichzeitig auch die Macht und dic Vision der Großen Östlichen Sonne. Dann kann der Krieger eine richtige Tasse Tee zubereiten.« Es blieb in meinem Gedächtnis haften, denn als ich es las, erkannte ich, daß ich wohl eine Präferenz für die Stille habe. Die Vorstellung, die Traurigkeit und den Schmerz von Samsara in meinem Herzen zu halten, klang bei mir an, aber ich erkannte, daß ich das nicht machte; zumindest hatte ich eine ausgesprochene Präferenz für die Kraft und die Vision der Großen Östlichen Sonne. Mein Bezugspunkt war immer gewesen, wach und vollkommen lebendig zu sein, mich an die Große Östliche Sonne zu erinnern – die Qualität des ununterbrochenen Wachseins. Was war aber damit, die Traurigkeit und den Schmerz von Samsara gleichzeitig in meinem Herzen zu halten? Dieses Zitat beeindruckte mich zutiefst. Es war vollkommen wahr: Wenn man mit der Traurigkeit menschlichen Lebens leben kann (eine Haltung, die Rinpoche oft als das zärtliche Herz oder das echte Herz der Traurigkeit bezeichnete), wenn man es schafft, die eigene Traurigkeit und die Traurigkeit des Lebens voll und ganz zu spüren und anzuerkennen, aber gleichzeitig nicht darin zu ertrinken, weil man sich auch an die Vision und die Macht der Großen Östlichen Sonne erinnert, dann erlebt man Ausgleichung und Vollkommenheit, die Vereinigung von Himmel und Erde, von Vision und praktischem Tun. Wir sprechen davon, wie sich Männer und Frauen mit Himmel und Erde verbinden, aber in Wirklichkeit sind sie bereits damit verbunden. Es gibt keine Trennung zwischen Samsara und Nirvana, zwischen der Traurigkeit und dem Schmerz von Samsara und der Vision und der Kraft der Großen Östlichen Sonne. Man kann sie beide im Herzen halten, was im Grunde der Zweck allen Übens ist. Und infolgedessen kann man eine richtige Tasse Tee zubereiten.

Das Ritual hat mit der Vereinigung von Vision und praktischem Tun, von Himmel und Erde, Samsara und Nirvana zu tun. Richtig begriffen, ist das ganze Leben ein Ritual oder eine Zeremonie. Dann sind alle Gesten des Lebens *Mudra** und alle Klänge des Lebens *Mantra*** – das Heilige ist überall. Das ist es, was sich hinter dem Ritual verbirgt, diesen formalisierten Handlungen, die in den Religionen verschiedener Kulturen überliefert werden. Wenn das Ritual im Herzen gespürt wird, ist es wie eine Zeitkapsel. Es ist, als ob jemand vor Tausenden von Jahren eine klare, unbehinderte Einsicht in das Wesen der Magie, der Macht und des Heiligen hatte und danach erkannte, daß er einen Zugang zu jenem Reichtum finden konnte, wenn er jeden Morgen hinausging und die Sonne auf sehr stilisierte Weise begrüßte, vielleicht mit einem besonderen Gesang und Opferdarbietungen und vielleicht auch indem er sich niederwarf. Deshalb brachte er seinen

* Symbolische Handgesten, die tantrische Praktiken begleiten, um die Qualität verschiedener Augenblicke der Meditation auszudrücken.

** Wörter oder Silben, die die Quintessenz verschiedener Energien zum Ausdruck bringen.

Kindern bei, wie man es macht, und die Kinder brachten es ihren Kindern bei und so weiter. Aus diesem Grund gibt es Tausende von Jahren später immer noch Leute, die das Ritual in der gleichen Weise durchführen und darüber zu genau dem gleichen Gefühl Zugang finden. So ist es mit allen Ritualen, die überliefert werden. Auf diese Weise kann jemand eine Einsicht gewinnen, und anstatt daß sie verlorengeht, bleibt sie aufgrund des Rituals lebendig. Rinpoche sagte zum Beispiel oft, daß der Dharma, die Lehren des Buddha, wie ein Rezept für frisch gebackenes Brot ist. Vor Tausenden von Jahren entdeckte irgend jemand, wie man Brot bäckt, und weil das Rezept über die Jahre, Jahrzehnte und Jahrhunderte überliefert wurde, können wir heute immer noch frisches Brot backen, das wir hier und jetzt essen können.

Ich stellte mir das Ritual als die Vereinigung von Traurigkeit und Schmerz, von Samsara mit der Vision der Großen Östlichen Sonne vor, weil wir im Ritual im Grunde nichts anderes tun als die Dinge des Alltags zu benutzen, um unsere Wertschätzung des Lebens auszudrücken. Die Sonne geht morgens auf, wir können den Klang eines Gongs als ein Zeichen verwenden, um uns im Schreinraum zu versammeln, wir können unsere Hände in *gassho* zusammenlegen und uns gegenseitig voreinander verbeugen, wir können unsere *oryoki*-Schalen mit drei Fingern hochhalten, genauso, wie es die Menschen seit Jahrhunderten tun. Indem wir diese Regeln befolgen, drücken wir unsere Wertschätzung der Tatsache aus, daß Nahrung und Gegenstände und der ganze Reichtum der Welt vorhanden sind. Du hältst die Schale hoch, und dann am Ende des *daithun* gehst du nach Hause und denkst vielleicht gar nicht mehr an *oryoki*. Vielleicht kommst du nach Jahren wieder, machst einen weiteren Kurs mit und findest es irgendwie rührend, es dann wieder zu machen. Vielleicht machtest du es zum ersten Mal, als du zwanzig warst, und dann mit achtzig machst du es plötzlich wieder. Es ist wie ein Faden, der sich durch dein ganzes Leben zieht, dieses Hochhalten der *oryoki*-Schale mit drei Fingern.

Ein echtes, von Herzen empfundenes Ritual hilft uns, uns wieder mit der Kraft und der Vision, aber auch mit der Traurigkeit und dem Schmerz des menschlichen Zustandes zu vereinigen. Wenn die Kraft und die Vision zusammentreffen, hat man das Gefühl, die Dinge richtig auszuführen um ihrer selbst willen. Eine Tasse Tee richtig zuzubereiten, bedeutet, daß du diesen Tee ausführlich und vollständig zubereitest, weil du den Tee und das kochende Wasser wertschätzt, ebenso die Tatsache, daß sie sich zu etwas verbinden, was nahrhaft und köstlich ist, was den Geist erhebt. Du machst es nicht, weil du dir Sorgen machst, daß irgend jemand dich nicht mögen wird, wenn du es nicht richtig machst. Noch machst du es so schnell, daß alles vorbei ist, bevor du überhaupt begreifen konntest, daß du eine Tasse Tee zubereitet hast, geschweige denn sechs Tassen getrunken. Ob es sich nun darum handelt, eine Zigarette zu rauchen oder eine Tasse Tee zu trinken oder das Bett zu machen oder das Geschirr zu spülen, ganz gleich, was es ist, es handelt sich um ein Ritual in dem Sinne, daß man es richtig ausführt, wenn man sowohl die Traurigkeit als auch die Vision der Großen Östlichen Sonne im Herzen halten kann.

Chögyam Trungpa Rinpoche liebte alles Rituelle. Er bezog Elemente aus vielen Traditionen – darunter auch der tibetischen, der japanischen und der britischen – in seine Rituale ein. Eines davon war die Art und Weise, wie er den Schreinraum betrat. Man saß im Schreinraum und dann plötzlich hörte man das *Krik* der zeremoniellen Stöcke, das *Ping* des winzigen Gongs, das *Pong* des kleinen Gongs, das *Bumm* der großen Trommel: »*krik, ping, pong, bumm, krik, ping, pong, bumm* ...« Als die Klänge allmählich näher kamen, wußte man, daß der Rinpoche gleich eintreten würde. Da war er dann auch mit seinem Gefolge von Begleitern. Er trat ja nur in den Raum ein, um einen seiner Vorträge zu halten, aber irgendwie schuf der rituelle Aspekt eine Umgebung, in der der Raum sich einfach öffnete. Man fühlte sich wie in einem zeitlosen Raum. Es war nicht mehr der 22. Juni 1989; es war keine spezielle Tages- oder Nachtzeit, kein bestimmtes Jahr, es war einfach nur Raum. Er wußte, daß wir alle von diesem Erlebnis der Zeitlosigkeit profitieren würden als er diese ganzen Klänge und Rituale erfand.

Naturvölker haben schon immer begriffen, was es mit den Jahreszeiten, dem Auf- und Untergehen der Sonne, den Zyklen des Lebens auf der Erde auf sich hat, und sie haben Rituale, um all diese Dinge zu zelebrieren. Damit die Tatsache, daß wir alle miteinander verbunden sind, niemandem entgehen kann, werden die Übergangsriten und all die anderen Zeremonien gut choreographiert wie ein wunderschöner Tanz. Die Alten wissen, wie diese Dinge gemacht werden, und sie geben dieses Wissen weiter; so etwas nennt man eine Übertragungslinie. Schwarzer Elch war ein heiliger Mann der Sioux um 1880, zu einer Zeit, als sein Volk im Begriff war, der Entmutigung zu erliegen, den Geist zu verlieren, weil die Art und Weise, wie sie immer gelebt hatten, die ihnen dieses starke Gefühl der Verbundenheit aller Dinge gab, zerstört wurde. Allerdings hatten sie ihren Geist noch nicht ganz verloren. Als neunjähriger Junge hatte Schwarzer Elch eine Vision davon, wie er sein Volk retten könnte, eine Vision von Pferden, die aus den vier Himmelsrichtungen kamen. Die Pferde aus der ersten Richtung waren weiß, die aus der zweiten rotbraun, die aus der dritten hirschfarben und die aus der vierten schwarz. Mit ihnen kamen Mädchen, die heilige Gegenstände trugen, und Großväter, die Weissagungen sangen. Jede Richtung hatte eine eigene rituelle Symbolsprache. Schwarzer Elch erzählte niemandem von seiner Vision, weil er dachte, daß niemand ihm glauben würde. Doch als er etwa siebzehn Jahre alt war, hatte er das Gefühl, verrückt zu werden, und deshalb erzählte er schließlich dem Medizinmann von seiner Vision. Dieser begriff sofort und sagte: »Wir müssen sie ausführen.« Sie setzten die ganze Vision in Szene, bemalten ihre Körper in der Weise, wie er es gesehen hatte, und führten die ganze Handlung durch.

Als er um die Zwanzig war, brach das traditionelle Leben der Indianer völlig zusammen. Schwarzer Hirsch endete schließlich mit einigen anderen Indianern in der Wild-West-Show des Buffalo Bill. Sie wurden auf einem »Feuerboot« nach Europa gebracht, um in London mit ihren Ponies und in ihrer Indianerkleidung in einer Show aufzutreten. Eines Abends kam Königin Victoria, um sich die Show anzusehen. Man sollte nicht meinen, daß es viel Affinität gegeben hätte zwischen Schwarzer Elch, einem Oglala Sioux-Indianer aus der nordamerikanischen Prärie des Jahres 1886, und der englischen Königin, aber an diesem Abend kam sonst niemand in die Aufführung – nur die Königin in einer strahlenden Kutsche und in Begleitung ihrer ganzen Gefolgschaft. Als die Show zu Ende war, stand sie auf und gab allen Darbietern ihre kleine weiche Hand. Schwarzer Elch fand sie wirklich äußerst sympathisch. Dann verbeugte sie sich vor den Indianern, und sie waren so beeindruckt von ihr und ihrem ganzen Gebaren, daß die Indianerfrauen das Tremolo machten und die Männer ihre Schlachtrufe zum besten gaben und sie sich alle vor ihr verbeugten. Schwarzer Elch nannte sie »Großmutter England«. Sie war so majestätisch und hatte soviel Ausstrahlung. »Sie war klein und dick, und sie war lieb zu uns.« Etwa einen Monat später lud sie die Indianer zu ihrem Silbernen Jubiläum ein. Nach seiner Schilderung schrien alle Menschen »Jubiläum! Jubiläum! Jubiläum!« als er und die anderen Indianer in dem rießengroßen Gebäude ankamen. Er wußte immer noch nicht, was das heißt, aber er konnte beschreiben, was er sah. Zuerst kam Königin Victoria in ihrer goldenen Kutsche, die Pferde alle mit Gold behängt und die Kleidung der Königin ebenfalls goldfarben wie ein Feuer. In der schwarzen Kutsche mit den schwarzen Pferden kam dann der Enkelsohn der Königin, und in der schwarzen Kutsche mit den grauen Pferden kamen ihre Verwandten. Schwarzer Elch beschrieb sämtliche Kutschen und Pferde und dann all die wunderschön gekleideten Männer, die auf mit Federn geschmückten schwarzen Pferden angeritten kamen. Die Indianer konnten etwas mit der ganzen Zeremonie anfangen. Schwarzer Elch sagte, daß er sich vor dem Jubiläum gefühlt hatte wie ein Mann, dem nie eine Vision zuteil geworden war, aber daß der Anblick von all dem Prunk ihn wieder mit seinem Herzen in Verbindung brachte. Als die Königin in ihrer goldenen Kutsche an den Indianern vorbeifuhr, ließ sie die Kutsche anhalten, stand auf und verneigte sich wieder vor ihnen. Und wieder warfen sie alle ihre Rasseln in die Luft und schrien und johlten und machten das Tremolo, und dann sangen sie für Großmutter England. Es munterte sie auf.

Das Ritual ist sowohl für die Königin von England als auch für die amerikanischen Prärie-Indianer da. Irgendwie überschreitet es Raum und Zeit. Ich glaube, daß es in jedem Fall etwas damit zu tun hat, die Traurigkeit und den Schmerz von Samsara im Herzen zu halten und gleichzeitig auch die Vision und die Kraft der Großen Östlichen Sonne. Unser ganzes Leben könnte ein Ritual sein. Wir könnten lernen innezuhalten, wenn die Sonne untergeht und wenn sie aufgeht. Wir könnten lernen, dem Wind zuzuhören; wir könnten lernen zu beobachten, daß es regnet oder schneit oder hagelt oder windstill ist. Wir könnten lernen, uns wieder mit dem Wetter in uns selbst zu verbinden, und wir könnten erkennen, daß es traurig ist. Je trauriger es ist, desto weitläufiger ist es auch, und je weitläufiger, desto mehr öffnet sich unser Herz. Wir können uns den Gedanken aus dem Kopf schlagen, daß wir nur dann gut üben, wenn alles glatt und ruhig verläuft, und schlecht, wenn alles rauh und dunkel ist. Und wenn wir all das in unserem Herzen halten können, dann können wir eine Tasse Tee richtig zubereiten.

Dharma als Lehre und Dharma als Erfahrung

Der Überlieferung zufolge weisen die Lehren des Buddha zwei Aspekte auf: den Dharma als Lehre und den Dharma als Erlebnis. Der Dharma als Lehre wird seit Buddhas Zeiten immer wieder auf reine und frische Art in Büchern und Vorträgen präsentiert. Auch wenn alles in Indien in einer Zeit und einem Raum und einer Kultur anfing, die sehr viel anders waren, als wir sie heute kennen, konnten die Lehren nach Südostasien, Japan, China, Korea, Vietnam und Tibet weitergegeben werden – in all die Länder, in denen sich der Buddhismus ausgebreitet hat – von Menschen, die ausdrücken konnten, was man sie gelehrt hatte. Heutzutage gibt es viele wunderbare Bücher über die grundlegenden Lehren. Man kann zum Beispiel Joseph Goldstein, Ayya Khema, Suzuki Roshi, Chögyam Trungpa, Tarthan Tülku und die Werke von Herbert Günther lesen. Es gibt so viele verschiedene Arten, wie man die Lehren lesen und hören kann, und sie sind alle etwas unterschiedlich gefärbt. Man wird aber feststellen, daß, wenn man in dem einen oder dem anderen Werk ein bestimmtes Thema auswählt, die Vier Edlen Wahrheiten etwa oder die Einsamkeit oder das Mitgefühl, sie alle zu diesem Thema im wesentlichen das gleiche zu sagen haben, je nach dem jeweiligen Stil, der jeweiligen Kultur. Die Lehren sind gleich, und die Essenz ist gleich.

Der Dharma als Lehre ist wie ein Juwel, ein kostbares Juwel. Wie Bodhicitta kann es mit Dreck zugeschüttet sein und trotzdem unverändert bleiben. Wenn jemand das Juwel ans Tageslicht befördert und den Menschen zeigt, glänzt es im Herzen und im Geist derjenigen, die es sehen. Die Lehren sind auch wie eine wunderschöne goldene Glocke, die in einer tiefen, dunklen Höhle verborgen ist. Wenn jemand sie herausholt und läutet, können andere Menschen ihren Klang vernehmen. Das ist der Dharma als Lehre. Es wird traditionell gesagt, daß der Dharma zwar gelehrt werden kann, daß man aber Ohren haben muß, um ihn zu hören. Hier wird die Analogie der drei Töpfe angeführt. Ist man wie ein Topf mit einem großen Loch im Boden, dann fließt der Dharma, sobald er eingefüllt wird, einfach wieder heraus. Ist man wie ein Topf, der Gift enthält, dann wird der Dharma, sobald er eingefüllt wird, umgedeutet und kommt als Gift wieder heraus. Mit anderen Worten, wenn man voll von Groll und Bitterkeit ist, könnte man den Dharma uminterpretieren und mit dem eigenen Groll, der eigenen Bitterkeit erfüllen. Ist der Topf umgedreht, kann nichts hineingefüllt werden. Man muß wach und offen sein, um den Dharma, der gelehrt wird, zu hören.

Der Dharma als Erlebnis ist kein anderer Dharma, obwohl er sich manchmal ganz anders anfühlt. Häufig erleben wir, wenn wir die Lehren hören, daß sie in unserem Herzen und unserem Geist anklingen und wir uns davon inspiriert fühlen, aber wir begreifen nicht, was sie mit unserem täglichen Leben zu tun haben. Wenn es hart auf hart kommt und du deinen Job verlierst oder der Mensch, den du liebst, dich verläßt oder etwas anders passiert und deine Gefühle Amok laufen, kapierst du nicht ganz, was das alles mit den Vier Edlen Wahrheiten zu tun hat. Dein Schmerz kommt dir so stark vor, daß dir die Vier Edlen Wahrheiten im Vergleich dazu etwas dürftig erscheinen. Trungpa Rinpoche sagte einmal, daß der Dharma erlebt werden muß, denn sobald die eigentliche Qualität unseres Lebens intensiver wird, das heißt auch die Hindernisse und Probleme und Erlebnisse, die unsere Fragen aufwerfen, wird keine rein philosophische Überzeugung der Wirklichkeit unseres Erlebens standhalten.

Was du beim weiteren Studium des Dharma und der weiteren Meditationspraxis entdecken wirst, ist, daß nichts von dem, was du je gehört hast, von deinem eigenen Leben abgetrennt ist. Dharma ist das Studium dessen, was *ist*, und der einzige Weg, wie du herausfinden kannst, was wahr ist, besteht darin, daß du dich selbst studierst. Der Zen-Meister Dogen sagte: »Dich selbst zu kennen oder zu studieren, bedeutet, dich selbst zu vergessen, und wenn du dich selbst vergißt, dann wirst du durch alle Dinge erleuchtet.« Dich selbst zu kennen oder zu studieren, bedeutet einfach nur, daß es *dein* Erlebnis der Freude, *dein* Erlebnis von Schmerz, *dein* Erlebnis von Erleichterung und Dampfablassen und *dein* Erlebnis von Traurigkeit ist. Das ist alles, was wir haben, und das ist alles, was wir brauchen, um ein lebendiges Erlebnis des Dharma zu haben – um zu erkennen, daß der Dharma und unser Leben ein und dasselbe sind.

Mich hat das Zitat sehr beeindruckt, das gestern an unserem Schwarzen Brett hing. Da stand: »Die Übung des Alltags ist, einfach vollkommenes Annehmen, vollkommene Offenheit für alle Situationen, für alle Gefühle, für alle Menschen zu entwickeln.« Man liest das, man hört das, vielleicht rede ich sogar darüber, aber was bedeutet es nun wirklich? Wenn man es liest, meint man, in etwa zu verstehen, was es bedeutet, aber wenn man anfängt, es in der Praxis zu versuchen, es anhand der eigenen Erfahrung zu prüfen, dann brechen alle vorgefaßten Meinungen darüber völlig zusammen; du entdeckst etwas Frisches und Neues, was dir vorher überhaupt nicht klar war. Persönliche Identifizierung mit dem Dharma heißt einfach nur: Lebe so, prüfe es, versuche herauszufinden, was es wirklich bedeutet, wenn du deinen Job verlierst, von deinem Liebhaber im Stich gelassen wirst, an Krebs erkrankst. »Sei offen und akzeptiere alle Situationen und Menschen.« Wie macht man das? Das ist vielleicht der schlechteste Rat, den man je bekommen könnte, aber man muß es für sich selbst herausfinden.

Oft hören wir die Lehren auf so subjektive Weise, daß wir meinen, sie wollten uns vermitteln, was wahr ist und was falsch. Doch der Dharma sagt dir nie, was wahr oder falsch ist. Er fordert dich nur dazu auf, es für dich selbst herauszufinden. Weil wir uns aber in Worten ausdrücken müssen, machen wir Aussagen. Wir sagen zum Beispiel: »Die Übung des Alltags ist, einfach vollkommenes Annehmen, vollkommene Offenheit für alle Situationen, für alle Gefühle und für alle Menschen zu entwickeln.« Das klingt so, als ob das nun die Wahrheit und alles andere falsch wäre. Das ist aber nicht das, was damit ausgesagt wird. Was es wirklich heißt, ist, daß du selbst versuchen mußt, für dich herauszufinden, was wahr und was falsch ist. Versuche, so zu leben, und schau, was dabei herauskommt. Du wirst auf all deine Zweifel, Ängste und Hoffnungen stoßen und dich damit herumschlagen. Wenn du anfängst, so zu leben, mit diesem Gefühl von: »Was bedeutet das hier wirklich?«, wirst du es sehr interessant finden. Nach einer Weile vergißt du, daß du die Frage überhaupt stellst; du übst einfach Meditation oder lebst einfach dein Leben, und du hast das, was traditionsgemäß als Einsicht bezeichnet wird, was in etwa bedeutet, daß du eine neue Sichtweise bekommst von dem, was wahr ist. Einsicht kommt plötzlich, als ob du in einem dunklen Zimmer herumirren würdest, und jemand macht das Licht an und siehe da, du befindest dich in einem Palast. Du sagst: »Wow! Das alles war schon immer da.« Die Einsicht ist aber etwas sehr Einfaches; sie ist nicht immer »Wow!« Es ist, als ob du dein ganzes Leben lang eine Schüssel voll weißem Zeug auf deinem Tisch hattest, aber du weißt nicht, was es ist. Du hast ein bißchen Angst, es herauszufinden. Vielleicht ist es LSD oder Kokain oder Rattengift. Eines Tages befeuchtest du deinen Finger, rührst in dem Pulver, und es bleiben ein paar Körner am Finger haften, du probierst es und stellst fest. »Du meine Güte, es ist ja Salz.« Da kann dir niemand etwas anderes erzählen – es ist so offensichtlich, so einfach, so klar. Und so bekommen wir alle unsere Einsichten. Wir bekommen sie in unserer Meditation, und vielleicht teilen wir sie auch anderen mit. Darum geht es im Grunde bei solchen Vorträgen wie diesem, um das Mitteilen von Einsichten. Es kommt uns vor, als ob wir etwas entdeckt hätten, was bisher niemand wußte, und doch ist es so geradeheraus und vollkommen einfach.

Den Dharma als Erlebnis kann man nie verleugnen, weil er so geradeheraus und wahr ist. Das Betreten des Pfades zwischen Dharma als Lehre und Dharma als Erlebnis hat aber damit zu tun, sich selbst die Erlaubnis zu geben und sich selbst dazu zu ermutigen, nicht immer an alles zu glauben, was man gelehrt bekommt, sondern es in Frage zu stellen. Du mußt nur so leben, und dann wird es zu deinem Pfad. Im Zitat am Schwarzen Brett heißt es weiter, daß der Weg, dies zu verwirklichen, darin besteht, offen zu bleiben und sich niemals zurückzuziehen. Ziehe dich niemals in dich selbst zurück. Das sind nicht bloß irgendwelche schlauen Sprüche, sondern in Wirklichkeit die tiefgründigsten Lehren, trügerisch einfach ausgedrückt. Du denkst dir vielleicht: »Sich niemals zurückziehen, schön und gut, aber was heißt das wirklich?« Natürlich heißt es nicht, daß du ein schlechter Mensch bist, falls du dich zurückziehst; du weißt ja über *maitri* und liebende Zuwendung und eine nicht-verurteilende Haltung und das Annehmen deiner selbst Bescheid, du weißt, daß du keine Angst zu haben brauchst, der zu sein, der du bist. Wird es jetzt deutlicher, was ich meine? Im Buch *Zen-Geist, Anfänger-Geist* sagt Suzuki Roshi, daß er einmal einen Brief von einem seiner Schüler bekam, in dem geschrieben stand: »Lieber Roshi, du hast mir einen Kalender geschickt, und für jeden Monat gibt es einen sehr inspirierenden Spruch, aber ich bin noch nicht einmal bei Februar angekommen und muß feststellen, daß ich das Maß nicht erreiche.« Suzuki Roshi amüsierte sich über die Tatsache, daß viele Leute den Dharma dazu mißbrauchen, sich elend zu fühlen. Oder andere Menschen, die eine schnelle geistige Auffassung vom Dharma haben, können ihn dazu mißbrauchen, sich stolz und arrogant zu gebaren. Falls du dich dabei ertappst, daß du die Lehren mißverstehst, werden dir die Lehren immer von selbst zeigen, wo du daneben liegst. In gewisser Hinsicht ist der Dharma wie ein saumloses Netz, aus dem du dich nicht befreien kannst.

Der Dharma sollte wirklich zu Herzen genommen und nicht bloß als Möglichkeit benutzt werden, es sich gemütlich zu machen oder sich sicher zu fühlen oder im gewohnten Muster der Selbstabwertung oder des Perfektionsstrebens weiterzumachen. Am Anfang wird man vielleicht feststellen, daß man den Dharma ebenso zu eigenen Zwecken benutzt, wie man bisher alles andere im Leben dazu benutzt hat, aber dann, weil es der Dharma ist, könnte es einem einfallen, daß man ihn benutzt, um sich selbst abzuwerten oder um perfektionistisch zu sein: »Ach du liebe Zeit! Jetzt versuche ich, damit die Welt mit Schönheit und Licht zu füllen oder aber sie zu einem lieblosen, unangenehmen Ort zu machen.«

Trungpa Rinpoche sagte uns einmal, daß er wie die meisten *tülkus** äußerst streng erzogen wurde. Er wurde geschlagen, wenn er etwas machte, was sich für einen *tülku* nicht ziemte, und er mußte sehr hart lernen. Er sagte, er sei ein schwieriger Junge gewesen und deshalb oft bestraft worden, aber er war auch intelligent und sehr stolz auf sich. Seine Lehrer lobten

* Ein *tülku* ist die Inkarnation eines vorher lebenden erleuchteten Meisters, der die spirituellen Eigenschaften jenes Lehrers verkörpert.

ihn nie; sie schimpften immer mit ihm und sagten ihm, er solle härter arbeiten. Dennoch konnte er erkennen, wann sie von seiner Brillanz beeindruckt waren. Als es für ihn an der Zeit war, seinen Guru, Jamgon Kongtrul von Sechen, zu besuchen, um ihm seine Studien vorzutragen, konnte er es kaum erwarten, sein Wissen und seine Intelligenz zur Schau zu stellen. Es war früh morgens, und das Licht schien durch das Fenster auf Jamgon Kongtruls Gesicht. Rinpoche setzte sich neben ihn hin. Jamgon Kongtrul war eine Zeitlang sehr still und sagte schließlich: »Nun, erzähle mir alles, was du über die sechs *paramitas** weißt«, und Rinpoche rasselte selbstbewußt alles herunter mit sämtlichen Querverweisen und Anmerkungen, die die verschiedenen Lehrer dazu gemacht hatten. Als er fertig war, schwieg Jamgon Kongtrul wieder eine Weile und sagte dann: »Aber was meinst *du* zu dem Ganzen?« Rinpoche antwortete verdutzt: »Was spielt es für eine Rolle, was ich dazu meine? So wurde es immer gelehrt und es wird so gelehrt, seit es das erste Mal vorgetragen wurde, und so ist es eben.« Jamgon Kongtrul sagte: »Es ist schön und gut, das alles intellektuell zu wissen, aber wie empfindest du es? Wie erlebst du es selbst?« Rinpoche sagte, daß Jamgon Kongtrul ihn immer so unterrichtete. Er wollte immer wissen, wie er Großzügigkeit oder Disziplin und so weiter erlebte. Das war es, was Jamgon Kongtrul in ihm nährte und kultivierte.

Was den Dharma als Lehre betrifft, hörte ihn Trungpa Rinpoche sehr klar und deutlich. In seinem eigenem Leben hatte das Lernen eine ungeheuer große Rolle gespielt, und er wollte immer, daß auch wir lernen und studieren. Doch am wichtigsten war es ihm, daß man nach dem wahren Sinn suchte und nicht einfach die Ansicht eines anderen Menschen

* Die sechs *paramitas* oder »Vollkommenheiten« sind Großzügigkeit, Disziplin, Geduld, Bemühung, Meditation und Wissen.

akzeptierte, ohne sie zu hinterfragen. Wenn Rinpoche über die Gebote sprach, sagte er zum Beispiel, es sei schön und gut, alle 250 oder 300 oder wie viele Gebote auch immer einschließlich der jeweiligen Querverweise und Zitate auswendig zu kennen, aber worum es in Wirklichkeit gehe, sei, die wahre Bedeutung der Gebote zu erfassen. Man kann zum Beispiel wissen, daß das erste Gebot lautet: »Du sollst nicht töten«, und man kann auch alle Geschichten darüber kennen, wie dieses Gebot entstanden ist, und man könnte sogar logisch erklären können, wie das Töten die Ichfixierung verstärkt und wie das Arbeiten mit den Geboten die Kette von Ursache und Wirkung durchbricht – man könnte all das wissen, doch die wirkliche Frage lautet: Wenn der Wunsch, etwas zu töten, auftaucht, wieso willst du dann etwas töten? Was geht da wirklich vor? Und wo wäre der Nutzen, dich vom Töten zu unterstehen? Was bewirkt es, wenn man sich untersteht? Wie fühlst du dich, wenn du dich unterstehst? Was zeigt es dir? So wurde Rinpoche ausgebildet, und so bildete er auch uns aus.

Der Dharma als Lehre und der Dharma als Erfahrung sind Beschreibungen davon, wie man leben kann, wie man das Leben verwendet, um aufzuwachen anstatt einzuschlafen. Und wenn du für den Rest deines Leben herauszufinden versuchst, was Wachsein und was Schlafen bedeutet, dann glaube ich, könntest du sogar zur Erleuchtung gelangen.

In einem Boot bleiben

Auf meinen vielen Reisen, auf denen ich viele Menschen vieler Traditionen und auch Nicht-Traditionen kennengelernt habe, habe ich festgestellt, daß man sich, um tiefer gelangen zu können, von ganzem Herzen der Wahrheit verpflichtet fühlen muß, daß man von ganzem Herzen herausfinden wollen muß, was *ngedön*, der wahre Sinn, ist. Wenn du also den Dharma hören willst, kannst du ihn aus vielen verschiedenen Quellen hören, aber es ist noch unverbindlich, bis du ihn in einer bestimmten Art verkündet hörst und dich dazu entschließt, diesen Weg zu gehen. Dann verbindest du dich mit dieser speziellen Übertragungslinie der Lehre und mit diesem speziellen Fundus an Wissen. Jede Religion, jede philosophische Überzeugung oder jede New-Age-Gruppierung hat eine bestimmte Weisheit, die sie vertritt und erforscht. Was ich hier sagen will, ist, daß es besser ist, sozusagen in einem Boot zu bleiben, ganz gleich wie dieses Boot nun aussehen mag, weil man sonst, sobald es anfängt, wirklich wehzutun, einfach aussteigen oder nach etwas Neuem suchen wird.

Vor kurzem wurde ich gebeten, in einer Art spirituellem New-Age-Supermarkt einen Wochenendkurs zu geben. Das Ganze erinnerte wirklich an eine dieser Einkaufspassagen, wo siebzig verschiedene Angebote winken. Das erste Aha-Erlebnis hatte ich, als ich ankam, um meinen ersten Vortrag zu halten. Da gab es ein riesiges Plakat, wie eine Anschlagtafel in einer Schule, und da stand: Grundlegende Güte, Raum 606, Rolfing, Raum 609, Astralreisen, Raum 666 und so weiter. Ich war eines der vielen Angebote, die da zur Auswahl standen. Die Leute, die man auf dem Parkplatz oder beim Mittagessen traf, sagten immer: »Was nimmst du denn dieses Wochenende?« Es war sehr interessant, weil ich schon lange nicht mehr mit so etwas in Berührung gekommen war. Dabei hatte ich es früher einmal sogar selbst mitgemacht. Um damit aufhören zu können, mußte ich mir anhören, wie Rinpoche sagte, solches Herumschnuppern habe immer damit zu tun, daß man Sicherheit sucht, daß man versucht, von sich selbst ein gutes Gefühl zu haben. Wenn man in einem Boot bleibt, egal in welchem, dann begibt man sich wirklich auf die Reise des Kriegers. Das ist es also, was ich empfehlen würde. Ich will es besonders betonen, weil ich selbst, wie man bemerkt haben wird, in meinen Verweisen und den Dingen, die mich inspirieren, etwas eklektizistisch bin, und das könnte den Eindruck erwecken, es wäre in Ordnung, an einem Wochenende einen Sonnentanz mitzumachen und dann am nächsten einen Kurs mit Thich Nhat Hanh zu belegen und dann am darauffolgenden an einem Krishnamurti-Workshop teilzunehmen. In Wirklichkeit scheint es aber so nicht zu funktionieren. Es ist besser, bei einer Sache zu bleiben und zuzulassen, daß sie in einem ihre Veränderungen bewirkt. Wenn man sich wirklich mit dem Wesen dieses Weges verbunden hat und sich bereits auf der Reise befindet, dann spricht alles zu einem, man hört in allem eine Lehre. Dann fühlt man sich nicht mehr chauvinistisch, aber man weiß auch, daß das eigene Fahrzeug dasjenige war, das am besten für einen selbst funktioniert hat.

Die Unterweisung, die Trungpa Rinpoche seinen Schülern gab, war eine Mischung aus der Kagyü- und der Nyingma-Übertragungslinie des tibetischen Buddhismus. Als er ganz frisch in Nordamerika war und anfing, dort zu lehren, war er ganz zufrieden mit dem, was er dort vorfand. Er fand, daß die Schüler nichts wußten. Er verglich sie mit einem Rudel wilder Ponies oder einem Hundezwinger voll verspielter Labrador-Hündchen. Sie waren ganz offene, energische, naive junge

Menschen, von denen die meisten »ausgestiegen« waren, lange Haare und Bärte hatten und weder Hemd noch Schuhe trugen. Er war zufrieden, weil er hier einen sehr fruchtbaren Boden fand. In England, wo er zum ersten Mal westlichen Schülern begegnete, waren die Menschen, die sich zum Buddhismus hingezogen fühlten, buddhistische Gelehrte, die den Dharma nicht hören konnten, weil sie von ihren vorgefaßten Meinungen nicht loslassen konnten. Das war ihr Hindernis, und ich bin mir sicher, daß er gern damit arbeitete. Das Hindernis in Nordamerika war der spirituelle Materialismus. In der frühen Zeit hielt er viele Vorträge zu diesem Thema; die ersten paar Kapitel in seinem Buch *Spirituellen Materialismus durchschneiden* sprechen es ganz direkt an. Ich würde sagen, daß der Rinpoche vier oder fünf Jahre lang in vielen verschiedenen Formen, unter vielen verschiedenen Überschriften praktisch eine einzige Lehre vermittelte: »Hör auf, immer nur herumzusuchen, komm zur Ruhe und vertiefe dich in eine Wahrheitslehre.« Er lehrte, daß dieses ständige Herumdilettieren in spirituellen Dingen nur eine weitere Form des Materialismus sei, ein Versuch, es sich gemütlich zu machen, sich sicher zu fühlen. Wenn man hingegen in einem Boot bliebe und wirklich damit arbeitete, würde das schon von alleine alle nötigen Veränderungen in einem bewirken. Man würde allen seinen Drachen begegnen; man würde ständig aus dem Nest gestoßen werden. Es wäre ein großer Initiationsritus, und daraus würde großes Wissen erwachsen, unermeßliches, von Herzen empfundenes, wirkliches spirituelles Wachstum, echte Entwicklung. Man würde sein Leben auf gute Weise eingesetzt haben. Er betonte, daß seine Schüler aufhören sollten, mit der Spiritualität zu dilettieren, nur um sich gut zu fühlen oder high zu werden oder sich spirituell zu geben. Er war sehr zynisch und hatte für die verschiedenen »Trips«, wie er sie nannte, nur Kritik übrig. Und man kann sich vorstellen, was es in Nordamerika im Jahre 1970 für Trips gab. Viele von uns müssen es sich nicht vorstellen – wir erinnern uns, wir waren als Versuchskaninchen dabei!

Unbequemlichkeit

Heute möchte ich über die Unbequemlichkeit sprechen. Manchmal, wenn man eine Lehre hört, die bei einem anklingt, und man einige Zuversicht verspürt, daß es gut und wertvoll sein kann, so zu üben und so zu leben, steht einem einiges an Unbequemlichkeit bevor. Aus der Perspektive des Alltags erscheint es gut, Dinge zu tun, die irgendwie bequem oder praktisch sind; daran ist auch nichts Falsches. Sobald man sich jedoch wirklich auf die Reise des Kriegers begibt – das heißt, sobald man anfängt, das Leben voll zu leben anstatt sich für den Tod zu entscheiden, sobald man diese Leidenschaft für das Leben und das Wachstum verspürt, sobald Entdeckung und Erforschung und Neugierde zum Weg werden, den man geht –, wird man, sofern man dem eigenen Herzen folgt, feststellen, daß es oft äußerst unbequem ist.

Wenn du Zuflucht nimmst und Buddhist wirst, wirst du ein Flüchtling. Das heißt, du gehst von zu Hause weg und wirst im absoluten Sinne heimatlos. Du kannst natürlich immer noch in einer sehr schönen Wohnung wohnen, umgeben von deiner Familie und deinen Angehörigen oder zumindest von deinen Katzen und Hunden oder Eichhörnchen oder Pferden oder dem Wind. Dennoch hast du im Grunde deines Herzens, sobald du dich auf diese Reise begibst, das Gefühl, von zu Hause wegzugehen und heimatlos zu werden. Ein weiteres Bild dafür ist der *Bardo**: Du hast dich vom Ufer entfernt, aber du bist noch nirgendwo angekommen. Du weißt nicht, wo du hingehst, und du bist schon lange genug

---

* Ein Zwischenzustand. Der Begriff bezieht sich meistens auf den Zeitraum zwischen dem Tod und der nächsten Wiedergeburt.

auf See, um nur eine vage Vorstellung davon zu haben, wo du hergekommen bist. Du bist von zu Hause ausgezogen, du bist heimatlos geworden, du sehnst dich danach zurückzugehen, aber es gibt keinen Weg zurück. Das ist der Bardo, der Zwischenzustand. In gewissem Sinne glaube ich, daß das der Punkt ist, an dem wir alle jetzt in diesem *dathun* angelangt sind. Obwohl wir noch hier sind, denken die Leute schon daran, daß sie bald weggehen, und es gibt ein Gefühl von Bardo, nicht ganz hier, nicht ganz dort, einfach nur in diesem nicht ganz angenehmen Zustand da zu sein und Stunde um Stunde damit still sitzen zu müssen. Der Geist springt vor und zurück, aber die grundsätzliche Anweisung lautet, einfach nur von zu Hause wegzugehen, das geistige Herumspringen als »Denken« zu benennen und heimatlos zu bleiben mit diesem Gefühl des Zwischenzustands. »Es war eine Zeitlang hier so gemütlich. Es wird wieder gemütlich sein, wenn ich zu Hause bin. Das wird es doch, oder? Oder etwa nicht?«

Seit vorgestern erlebe ich selbst diesen Bardo-Zustand. Wir sind noch im *dathun*, und dennoch fängt bald wieder ein anderer Kurs an. Ich ertappe mich dabei, wie ich nervös und gereizt bin und mir einbilde, daß ich mir eine Grippe hole, und mich frage, wieso mir schwindelig wird und ich mich so irritiert fühle. Es ist einfach nur Bardo. Wir sind noch da, aber wo sind wir? Es ist so unbequem. Es ist viel bequemer, zu Hause zu sein. Dieses spezielle Boot, das aussegelt, ist kein Luxusdampfer. Es ist mehr wie die Boote, auf denen die Flüchtlinge aus Vietnam kamen – jederzeit können die Piraten da sein, und du weißt nicht, ob du jemals zum anderen Ufer gelangen wirst oder ob das Essen und das Wasser ausreichen werden. Die Situation muß gar nicht so trostlos sein, aber man hat einfach dieses Gefühl: »War ich überhaupt hier, gehe ich überhaupt da hin? Wo bin ich denn?« Wenn man *shamatha* richtig übt – ich weiß nicht, was das ist, *shamatha* richtig zu üben, also sagen wir, wenn man es eine Weile übt –, dann hat man manchmal das Gefühl, ganz weg von zu Hause und wirklich heimatlos zu sein. Der Atem strömt heraus, und wo bist du dann? Oder manchmal hat man diese schöne, gemütliche oder vielleicht auch ungemütliche, aber dennoch solide Wirklichkeit im Kopf, und sie füllt sehr erfolgreich den ganzen Raum aus, und dann wacht man aus diesem Traum auf und sagt sich: »Denken«, und danach fragt man sich vielleicht, wo man ist und wer man ist und was wir heute für einen Tag haben. »Ich weiß einfach nicht mehr, haben wir 1978 oder – ich weiß, wir haben noch nicht das Jahr 2000, aber welches Jahr haben wir dann? Was haben wir für einen Monat bei diesem Wetter, haben wir Juni? Es fühlt sich eher wie November an – vielleicht ist es aber auch August. Was, wo, wann? Flüchtling – das bedeutet es, ein Flüchtling zu sein.

In seinem Buch *Born in Tibet* berichtet Trungpa Rinpoche davon, wie er während der chinesischen Invasion Tibet verließ. Er malt ein äußerst lebendiges Bild davon, was es bedeutet, ein Flüchtling zu sein. Eine große Gruppe von Tibetern, an die dreihundert, darunter auch alte Menschen und Säuglinge und alles, was dazwischen liegt, verließ das östliche Tibet – Kham – mit ihren Wegführern. Als sie im zentralen Tibet angekommen waren, wußten die Führer den Weg nicht mehr, weil sie nur das östliche Tibet kannten. Das heißt, daß es keine Führer gab, die sie nach Indien bringen konnten. Außerdem war der Schnee so tief, daß er ihnen bis zu den Achselhöhlen reichte, und deshalb gingen die größten Mönche voran, warfen sich mit ihrem ganzen Körper in den Schnee, standen wieder auf, gingen ein paar Schritte weiter und warfen sich wieder nieder, um so einen Weg zu bahnen. Manchmal stiegen sie bis auf den Gipfel eines Berges, nur um festzustellen, daß sie falsch gelaufen waren und den ganzen Weg wieder zurückgehen mußten. Sie hatten nicht viel zu essen, und nicht nur das: Wären sie entdeckt worden, hätten die Chinesen sie erschossen. Irgendwann mußten sie einen Fluß durchwaten, und ihre Kleider froren ihnen am Leibe fest. Rinpoche sagte, daß ihnen, wenn sie sich hinsetzen wollten, ihre *chubas* (Kleider) und Gewänder in die Haut schnitten, weil das Eis so scharf war. Nicht gerade sehr bequem. Rinpoche sagte, daß sie beim Laufen eine Art klirrendes Geräusch machten. Er witzelte darüber: »Oh, hoffentlich hören uns die Chinesen nicht, sie könnten das für irgendeine Geheimsprache halten: klirr, klirr, klirr.« Er sagte, daß sonst niemand es witzig fand. (Rinpoche erzählte immer wieder Geschichten davon, wie er über die momentanen Ereignisse Witze machte, und er sagte immer: »Aber sonst fand niemand es witzig.«)

Als die Reise beendet war, fanden sich die Flüchtlinge in Indien wieder, heimatlos, in einem ihnen völlig fremden Klima. Viele von ihnen bekamen sofort Tuberkulose, weil sie von einem hohen, kalten Land mit klarer Luft in ein niedriges, heißes, trockenes, staubiges Land gekommen waren. Am Ende war die Regierung Nehru sehr kulant mit den Tibetern, aber als sie anfangs da waren, waren sie heimatlos, selbst wenn die Menschen, die sie dort trafen, sehr gastfreundlich waren. Niemand wußte, wer sie sind. Es gab keinen Unterschied zwischen einem *tülku* beziehungsweise dem Haupt eines Klosters und einem gewöhnlichen Menschen. Die Identitäten aller waren auf eine Weise eingeebnet.

Flüchtling: Das heißt es, Buddhist zu werden, das heißt es, jemand zu werden, der von ganzem Herzen sein Leben dazu benutzt, wachzuwerden anstatt einzuschlafen. Es ist sehr unbequem. Trungpa Rinpoche war ein Mann, der die Lehren der Unbequemlichkeit schätzte. Er war auch ein Mann, der von ganzem Herzen lebte. Es spielte keine Rolle, ob es bequem oder unbequem war. Sein Leben hatte die Qualität einer Reise von ganzem Herzen. Sobald man weiß, daß der Zweck des Lebens darin besteht, einfach vorwärtszugehen und das eigene Leben zu verwenden, um aufzuwachen anstatt einzuschlafen, dann bejaht man von ganzem Herzen die Unbequemlichkeit, so wie man auch von ganzem Herzen die Bequemlichkeit bejaht.

Rinpoche legte Wert auf die Unbequemlichkeit. Zum Beispiel ließ er immer alle auf seine Vorträge warten, nicht, so glaube ich, mit Absicht, sondern als Teil dessen, was er war. Einmal ließ er die Leute zum Beispiel drei Tage auf ein *abhisheka* (Ermächtigungszeremonie) warten. Wenn er schließlich und endlich etwas machte, hatte man oft bereits so voll und ganz aufgegeben, daß man nicht mehr daran glaubte, daß es noch passieren würde. Als er wollte, daß wir alle nach Neuschottland umziehen, hänselte er die Leute immer wegen ihres Wunsches nach Bequemlichkeit. Er sagte: »Ach, ihr werdet es doch nicht machen wollen, weil es bedeuten könnte, daß ihr euer schönes Haus oder eure gute Arbeit verlassen müßt. Ihr könntet vielleicht Schwierigkeiten haben, in Neuschottland eine Stelle zu finden.« Manchmal glaube ich, er wollte nur, daß wir nach Neuschottland ziehen, weil es so unbequem war. Der Wunsch nach Bequemlichkeit tötet den Geist – das war seine Botschaft. Sich immer für das Gemütliche, das Bequeme zu entscheiden, das als wichtigsten Beweggrund zu sehen, hindert einen ständig daran, ins Nichts zu springen und etwas Neues, etwas Ungewöhnliches zu machen, wie zum Beispiel als Fremder in ein fremdes Land gehen.

Der älteste Sohn des Rinpoche, Sawan Ösel Mukpo, erzählte mir, daß der Rinpoche ihm gesagt hatte, er würde die Möbel in seinem Zimmer gern so anordnen, daß es etwas unbequem sei, zum Beispiel ein Glas zu erreichen. Anstatt den Tisch nah an den Stuhl zu stellen, damit alles bequem war, hatte er es gern, wenn er etwa einen Zentimeter zu weit weg stand, damit man den Arm nach dem Glas ausstrecken mußte. Rinpoche sagte auch sehr oft, daß es gut sei, seine Kleidung etwas zu eng zu tragen. Er persönlich trug einen Obi, den breiten Gürtel, den man mit einem japanischen Kimono trägt, unter seiner Kleidung, und zwar sehr eng, so daß es, falls seine Schultern einfielen, unbequem für ihn wäre – auf diese Weise mußte er »Haltung bewahren«. Er entwarf zeremonielle Roben. Ich kann mich noch an eine erinnern, die er für eine bestimmte Zeremonie entwarf: Sie war aus kratziger Wolle mit einem hohen Kragen, und die Außentemperatur war etwa 30 Grad Celsius mit hoher Luftfeuchtigkeit. Er behauptete, diese Unbequemlichkeiten würden sogar helfen, einen aufzumuntern, einen wachzuhalten, Löcher zu reißen in die bequeme, nahtlose Wirklichkeit des Sich-selbst-zum-Mittelpunkt-Machens.

Als ich mich während der letzten paar Tage etwas daneben fühlte, war das wie ein Ansporn, mich zu fragen: »Was will ich denn machen, einfach in mich zusammenfallen? Gut, dann falle ich eben in mich zusammen. Wen kümmert das schon?« Dann beobachtete ich, wie andere Menschen anfingen, sich unwohl zu fühlen, weil ich sie angekeift hatte. Sie hatten nichts Schlimmes getan; ich fühlte mich einfach ein bißchen gereizt. Man erkennt, daß die eigene Befindlichkeit sich auch auf andere auswirkt, und doch will man nicht so tun, als gehe es einem blendend, wenn man sich in Wirklichkeit ganz mies fühlt. Es ist wie ein Koan, und es wird dir einfach überlassen. Wenn du wirklich aus deinem ganzen Herzen heraus lebst, wird dir ständig dieses Koan der Unbequemlichkeit überlassen. Es ist so unbequem festzustellen, daß du gereizt bist, daß du Kopfweh hast. Es ist unbequem, krank zu werden, so unbequem, deine großartige Ausstrahlung zu verlieren und ein ganz normaler Mensch zu sein. Es ist so unbequem, wenn die Menschen dich nicht als etwas Wunderbares betrachten, so unbequem, wenn die Menschen sehen, daß du Eigelb in deinem Bart hast, daß du mitten in der *oryoki*-Zeremonie Zahnseide am Fuß kleben hast. Es ist so unbequem, sich verlegen zu fühlen, an das Maß nicht heranzureichen.

Die erste Lehre, an die ich mich erinnern kann, erhielt ich in einem Dharmadhatu, einem der von Rinpoche errichteten Zentren. Einer der älteren Schüler hielt einen Vortrag, und er begann mit den Worten: »Wenn du dich für diese Lehren interessierst, wirst du die Tatsache akzeptieren müssen, daß du niemals alles meistern wirst.« Das war für mich eine schockierende Aussage. Er sagte es mit großer Deutlichkeit. »Du wirst niemals alles meistern, du wirst nie das Gefühl haben, endgültig angekommen zu sein. Du wirst nie die vielen kleinen Fäden verwahren.«

Das Leben ist so unbequem. Es ist so unbequem, dieses Kloster zu betreiben, ich kann es euch gar nicht sagen. Gerade hast du es geschafft, die Küche einigermaßen einzurichten, und dann geht der Buchhalter weg. Du kriegst die Bücher einigermaßen hin, und dann geht die Haushälterin weg. Du hast gerade eine gute Haushälterin und eine gute Küche und einen guten Buchhalter, und dann gibt es plötzliche keine Mönche oder Nonnen im Kloster. Dann funktioniert vielleicht alles ganz gut, und das Wasser bleibt eine Woche weg, und der Strom fällt aus, und das ganze Essen verdirbt. Es ist so unbequem.

Von ganzem Herzen zu leben, ist ein wertvolles Geschenk, aber niemand kann es dir wirklich schenken. Du mußt den Weg finden, der zum Herzen führt, und ihn dann makellos gehen. Indem du das tust, begegnest du immer und immer wieder deiner eigenen Gereiztheit, deinen eigenen Kopfschmerzen, deinem eigenen Scheitern. Aber wenn du von ganzem Herzen übst und diesen Weg gehst, ist diese Unbequemlichkeit kein Hindernis. Sie ist einfach eine bestimmte Qualität des Lebens, eine bestimmte Energie des Lebens. Nicht nur das: Manchmal, wenn du gerade in Gang gekommen bist und alles gut läuft und sich gut anfühlt, dann denkst du: »Das ist er, das ist der Weg des Herzens«, und dann fällst du plötzlich auf die Nase. Alle schauen dich an. Du fragst dich: »Was ist aus dem Weg des Herzens geworden? Das hier kommt mir vor wie der Weg des Schlammes im Gesicht.« Da du dich von ganzem Herzen zur Reise des Kriegers verpflichtet fühlst, sticht es dich, stachelt es dich an. Es ist, als würde dir jemand ins Ohr lachen, dich herausfordern, daß du herausfindest, was zu tun ist, auch wenn du keine Ahnung hast, was zu tun ist. Es macht dich demütig. Es öffnet dir das Herz.

Vier Punkte zum Erinnern

Die traditionellen vier Punkte zum Erinnern erinnern uns grundsätzlich daran, weshalb man sich ständig darum bemühen könnte, zum gegenwärtigen Augenblick zurückzukehren. Der erste Punkt erinnert uns an unsere kostbare menschliche Geburt; der zweite an die Tatsache der Vergänglichkeit; der dritte an das Gesetz des Karma; der vierte an die Sinnlosigkeit, weiterhin im Samsara zu wandern. Heute möchte ich über diese vier Möglichkeiten sprechen, wie man sich immer wieder selbst aufwecken und sich wieder vor Augen führen kann, weshalb man übt, weshalb ihr, wenn ihr nach Hause zurückkehrt, versuchen könntet, euch einen Platz einzurichten, wo ihr jeden Tag meditieren könnt und einfach voll und ganz mit euch selbst da sein, wie ihr es hier einen Monat lang praktiziert habt. Wieso sollte man sich überhaupt die Mühe machen, aufzuwachen anstatt einzuschlafen? Wieso sollte man den Rest seines Lebens damit zubringen, die Samen der Wachsamkeit zu säen, danach zu streben, einen Sprung nach vorn zu machen, sich immer mehr zu öffnen und zum Krieger zu werden? Wieso? Wenn es all diese finanziellen Sorgen, Eheprobleme, Schwierigkeiten mit Freunden, Probleme mit der Kommunikation, Probleme mit allem gibt und man sich eingezwängt fühlt, wieso sollte man sich die Mühe machen, herzugehen und still zu sitzen? Wieso sollte man in den Himmel hinaufblicken und in dem ganzen verkopften Gerede irgendwo eine Lücke, ein bißchen Raum suchen? Diese grundsätzlichen Fragen stellen wir uns andauernd.

Die Lehren über die vier Punkte zum Erinnern befassen sich mit diesen Fragen. Darüber kann man jederzeit nachdenken, ob man nun in Gampo Abbey wohnt oder in Vancouver oder in Minnesota, Chicago, New York, im Schwarzen Loch von Kalkutta, auf der Spitze des Mount Everest oder auf dem Grund des Meeres. Ob man ein *naga* (Wassergeist) ist oder ein Gespenst oder ein Mensch oder ein Höllenwesen oder ein Wesen aus dem Göttlichen Reich – egal was du bist, du kannst über die vier Punkte nachdenken, die dich daran erinnern, weshalb du übst.

Der erste Punkt zum Erinnern ist unsere kostbare Geburt. Wir, die wir hier sitzen, haben alle das gehabt, was traditionell als eine gute Geburt bezeichnet wird, eine, die selten und wunderbar ist. Du brauchst nur irgendeine Tageszeitung aufzuschlagen und dich mit fast jedem Menschen auf fast jeder Seite zu vergleichen, um festzustellen, daß, auch wenn du dich manchmal elend fühlst und deine psychischen Unannehmlichkeiten, deine Gefühle des Eingesperrtseins hast, sie relativ belanglos sind im Vergleich dazu, wie es sein könnte, wenn man zum Beispiel von Panzern überrollt wird, an Hunger stirbt, ausgebombt wird, im Gefängnis sitzt, ernsthaft abhängig ist von Alkohol oder Rauschgift oder allem, was selbstzerstörerisch ist. Vor ein paar Tagen las ich von einem neunzehnjährigen Mädchen, das, im neunten Monat schwanger, von Crack abhängig war. Ihr Leben bestand darin, high zu werden und dann hinauszugehen und sich zu prostituieren, damit sie genug Geld heranschaffen konnte, um wieder high zu werden. In Kürze würde sie ein Kind gebären, das seinerseits von Crack abhängig sein würde. Das war ihr ganzes Leben; das würde sie alles weitermachen, bis sie starb. Ein kuscheliges Leben zu führen, in dem es nur luxuriös zugeht, ist allerdings auch überhaupt nicht hilfreich. Man hat keine Gelegenheit, sehr viel Verständnis für das Leid anderer Menschen aufzubringen oder ein offenes Herz zu entwickeln. Man ist ganz im positiven Gefühl eingefangen, zwei- oder dreihundert Paar Schuhe im Schrank zu haben wie Imelda Marcos oder ein schönes Haus mit Swimmingpool zu besitzen oder was immer. Einfach prima.

Was wir als erstes erkennen müssen, ist, daß alles auf unserer Seite ist. Wir müssen keine extremen Schmerzen leiden, die unausweichlich sind. Wir haben kein absolutes Vergnügen, das uns in Unwissen einlullt. Wenn wir uns deprimiert fühlen, hilft es vielleicht, darüber nachzudenken. Das ist vielleicht eine gute Zeit, um öfter Zeitung zu lesen und uns daran zu erinnern, wie schreckenerregend das Leben sein kann. Wir befinden uns immer in einer Situation, in der uns etwas zustoßen könnte. Wir wissen es einfach nicht. Vielleicht sind wir Juden, die 1936 in Frankreich, Deutschland oder Holland leben, wir führen einfach unser normales Leben, stehen morgens auf, essen zwei- oder dreimal am Tag, haben unsere Routine, und dann eines Tages kommt die Gestapo und führt uns ab. Oder vielleicht leben wir in Pompeii, und plötzlich bricht der Vulkan aus, und wir werden von Lava zugeschüttet. Es kann eben alles passieren. Die gegenwärtige Zeit ist äußerst unsicher. Wir wissen es einfach nicht. Auch auf der persönlichen Ebene könnte jeder von uns morgen feststellen, daß er an einer unheilbaren Krankheit leidet, oder daß jemand, den wir sehr lieben, daran erkrankt ist.

Mit anderen Worten, das Leben kann sich einfach auf den Kopf stellen. Alles kann passieren. Wie kostbar, wie süß und überaus kostbar unser Leben doch ist! Wir befinden uns inmitten dieser Schönheit, wir haben unsere Gesundheit, Intelligenz und Bildung und genug Geld und so weiter, und dennoch hatte jeder von uns während dieses *dathun* mit der Depression zu kämpfen, jeder einzelne von uns hat dieses Gefühl in der Magengrube gehabt. Das passiert auf jeden Fall. Eine Sache, die der Rinpoche uns alle lehrte und denen, die ihn kannten, ständig vorlebte – auch wenn es nicht einfach ist –, war dies: Nur weil man sich deprimiert fühlt, heißt das noch lange nicht, daß man vergessen muß, wie kostbar die Situation an sich ist. Depression ist wie das Wetter – sie kommt und sie geht. Viele verschiedene Gefühle, Emotionen und Gedanken, sie kommen und sie gehen einfach bis in alle Ewigkeit, aber das ist kein Grund zu vergessen, wie kostbar die Situation an sich ist.

Die Erkenntnis, wie kostbar das Leben ist, wird zu einem unserer wertvollsten Werkzeuge. Es ist wie die Dankbarkeit. Empfindest du Dankbarkeit für dein Leben, dann verlierst du dieses Gefühl nicht, selbst wenn die Nazis kommen und dich wegschleppen. Es gibt einen *Mahayana*-Spruch: »Sei allen Menschen gegenüber dankbar.« Im Grunde spielt es keine Rolle, wie schlimm es kommt – sobald du dieses Gefühl der Dankbarkeit für dein eigenes Leben und die Kostbarkeit der menschlichen Geburt hast, führt es dich in jede andere Sphäre. Was ich damit sagen will, ist, daß es *jetzt* einfach ist. Wenn du glaubst, du kannst anfangen, dankbar zu sein, wenn du im Höllenreich bist, wenn du glaubst, du kannst dich plötzlich ermuntern, wirst du feststellen, daß es fünfmal schwieriger ist als jetzt, in der gegenwärtigen Situation; es wird dir einfach schwerfallen. Wir befinden uns tatsächlich in der besten und einfachsten Situation. Es ist gut, sich das vor Augen zu halten. Es ist gut, sich an all die Vorträge zu erinnern, die man je über grundsätzliche Güte und grundsätzliche Heiterkeit und Dankbarkeit gehört hat.

Im *Vajrayana* wird sehr viel Wert auf Hingabe beziehungsweis Ergebenheit gelegt, die man als eine Form von unermeßlicher Dankbarkeit mit sehr viel Vision verstehen könnte. Ergebenheit hat damit zu tun, daß man all derjenigen gedenkt, die so hart gearbeitet haben, die die gleiche Neurose, den gleichen Schmerz hatten wie wir, die gleiche Depression, das gleiche Zahnweh, die gleichen schwierigen Beziehungen, die gleichen Rechnungen, das gleiche Alles hatten und niemals aufgaben. Weil sie niemals aufgaben, dienen sie uns als Inspiration. Man könnte sie als unsere Helden und Heldinnen bezeichnen, denn wenn wir ihre Geschichten lesen (wenn wir zum Beispiel die Geschichte von Milarepa lesen), können wir uns voll und ganz damit identifizieren, anstatt uns eingeschüchtert zu fühlen. Wir sehen uns selbst in jeder Episode; wir erkennen, daß es möglich ist, immer weiterzumachen und niemals aufzugeben. Wir empfinden Ergebenheit in die Übertragungslinie derjenigen, die so hart gearbeitet haben, um es uns allen einfacher zu machen. Manchmal trifft man einen bestimmten Lehrer, der das für einen selbst zu verkörpern scheint, und dann hat man auch einen Guru, gegenüber dem man Ergebenheit empfinden kann. Es ist, als ob diese Männer und Frauen eine Linie von Dankbarkeit, Furchtlosigkeit, Heiterkeit und Vision weitergeben würden. Und sie sind genau wie wir, außer daß wir manchmal den Mut verlieren. Die Tatsache, daß es diese Vorbilder gibt, macht uns sehr dankbar und diesen Menschen gegenüber sehr ergeben. Sie gibt uns das Gefühl, daß auch wir diese Übertragungslinie fortsetzen könnten. Dann kann das, was *wir* tun, um unsere kostbare menschliche Geburt zu erkennen, für alle anderen zur Inspiration werden.

In den frühen siebziger Jahren sagte mir ein Freund immer wieder: »Egal, was du tust, versuche nicht, diese Gefühle verschwinden zu lassen.« Sein Rat ging noch weiter: »Alles, was du lernen kannst über den Umgang mit deinem Gefühl der Entmutigung oder deinem Gefühl von Angst oder deinem Gefühl von Verwirrung oder Minderwertigkeit oder Groll – alles, was du tun kannst, um mit diesen Gefühlen umzugehen – ich bitte dich, tu es, denn so kannst du anderen Menschen eine Inspiration sein.« Das war ein sehr guter Rat. Wenn ich also merkte, daß ich deprimiert war, dachte ich: »Moment mal. Vielleicht muß ich nur herausfinden, wie ich mich auf authentische Weise einsetzen kann, denn es gibt viele Menschen, die so leiden, und wenn ich es schaffe, dann schaffen sie es auch.« Ich hatte ein Gefühl der gegenseitigen Verbundenheit. »Wenn ein Nichtsnutz wie ich es schafft, dann schafft es jeder.« Das sagte ich mir früher immer, daß wenn ein elendiger Mensch wie ich – der völlig eingefangen ist in Zorn, Depression und Verrat – wenn ich es also schaffe, dann schafft es jeder, und deshalb will ich es versuchen. Das war ein guter Rat, der mir half, meiner kostbaren menschlichen Geburt eingedenk zu sein.

Der zweite Punkt zum Erinnern ist die Vergänglichkeit. Das Leben ist sehr kurz. Auch wenn wir hundert Jahre alt würden, ist es dennoch sehr kurz. Überdies ist seine Dauer unberechenbar. Unser Leben ist vergänglich. Ich selbst habe nur noch dreißig Jahre zu leben, vielleicht auch fünfunddreißig, aber das wäre das höchste. Vielleicht habe ich auch nur noch zwanzig Jahre zu leben. Vielleicht habe ich nicht einmal mehr einen Tag zu leben. Der Gedanke, daß ich nicht mehr allzu lange Zeit habe, ernüchtert mich. Er gibt mir das Gefühl, daß ich die Zeit gut nutzen will. Wenn man erkennt, daß man nicht mehr allzu viele Jahre zu leben hat, und wenn man so lebt, als hätte man nur noch einen einzigen Tag, dann wird das Gefühl von Kostbarkeit und Dankbarkeit durch dieses Gefühl der Vergänglichkeit verstärkt. Es wird traditionsgemäß gesagt, daß man, sobald man auf die Welt kommt, mit dem Sterben beginnt. Ich erinnere mich, daß die Hare Krishna-Leute in Boulder, Colorado, jedes Jahr eine Schau veranstalten mit lebensgroßen Figuren, vom Neugeborenen angefangen und durch die verschiedenen Stadien des Lebens hindurch. Man kann nicht anders, als sich mit dieser Figur zu identifizieren, die immer größer und stärker wird, in die besten Jahre kommt, dann immer älter wird und schließlich als Leiche daliegt. Man weiß nicht einmal, ob man das Privileg haben wird, diesen ganzen Prozeß zu durchlaufen. Und selbst wenn, Vergänglichkeit ist etwas sehr Reales.

Wenn du deprimiert bist, sagst du dir vielleicht: »Warum sollte ich mir überhaupt die Mühe machen zu sitzen? Warum sollte ich mir die Mühe machen, mir selbst und anderen Menschen zuliebe herauszufinden, worum es sich bei dieser Depression handelt? Wieso zieht es mich herunter? Warum war gestern der Himmel so blau, wenn heute alles so grau ist? Wieso haben mich gestern alle angelächelt, während heute alle so finster dreinschauen? Wieso hatte ich gestern das Gefühl, ich mache alles richtig, während es mir heute so vorkommt, als ob ich alles falsch machen würde? Wieso? Wieso? Wieso?« Wenn du allein in Klausur bist, wirst du immer noch deprimierter. Es gibt niemanden, dem man die Schuld zuschieben könnte; es ist einfach so ein Gefühl, das man manchmal bekommt. Du fragst dich, was es bloß ist? Was ist es? Ich will es wissen. Wie kann ich mich selbst aufrütteln? Was kann ich tun, was nicht voll und ganz meinen Gewohnheiten entspricht? Wie kann ich mich von diesem alten Trott befreien?

Wie können wir das Gewohnheitsmäßige in unserem Prozeß unterbinden? Die Lehren sagen dazu: »Nun, das ist der Grund, weshalb wir sitzen. Davon handelt die Achtsamkeit. Schau vorsichtig. Achte auf die Details.« Die Erinnerung an die Vergänglichkeit motiviert dich, zurückzugehen und dir die Lehren noch einmal anzusehen, zu sehen, was sie dir darüber sagen, wie du mit deinem Leben umgehen kannst, wie du dich aufrütteln und erheitern, wie du mit deinen Gefühlen arbeiten kannst. Manchmal liest du und liest und kannst trotzdem nirgendwo die Antwort finden. Aber dann gibt sie dir irgend jemand im Bus oder vielleicht sogar in einem Werbespot im Fernsehen. Wenn du diese Fragen wirklich hast, wirst du überall die Antworten finden. Wenn du aber keine Frage hast, dann gibt es mit Sicherheit auch keine Antwort.

Vergänglichkeit bedeutet, daß das Leben von Flüchtigkeit bestimmt ist. Manche Menschen sind so geschickt in ihrer Praxis der Achtsamkeit, daß sie tatsächlich jede einzelne, winzig kleine Bewegung des Geistes wahrnehmen können, wie er sich ständig verändert, verändert, verändert. Sie können auch spüren, wie sich der Körper verändert, verändert, verändert. Es ist absolut verblüffend. Das Herz pumpt ständig Blut, und das Blut kreist andauernd, und die Nahrung wird verdaut, und das Ganze läuft einfach. Es ist verblüffend, und es ist äußerst vergänglich. Jedesmal, wenn du in ein Auto einsteigst, könnte das das Ende sein. Wenn du wirklich paranoid wirst, könnte das Bewußtsein der Vergänglichkeit dich verrückt machen, denn dann hast du Angst, auf die Straße zu gehen, du traust dich nicht mehr aus dem Haus. Dir wird klar, wie gefährlich das Leben ist. Es ist gut, zu erkennen, wie gefährlich es ist, denn dann wird das Gefühl der Vergänglichkeit etwas Reales. Es ist gut, zu erkennen, daß man sterben wird, daß der Tod immer da ist und uns über die Schulter schaut. Viele Religionen haben Meditationen über den Tod, damit es in unsere Dickschädel eindringt, daß das Leben nicht ewig dauert. Im nächsten Augenblick könnte alles vorbei sein! Manchmal wird behauptet, daß das Ende jeder Ausatmung tatsächlich das Ende von allem ist; man hat da die Gelegenheit, voll und ganz zu sterben. Suzuki Roshi gab die Anweisung: »Sitze still. Nimm nichts vorweg. Sei einfach bereit, immer und immer wieder zu sterben.« Laß dir das eine Erinnerung sein. Die Bereitschaft, immer und immer wieder zu sterben, verstärkt den ersten Punkt zum Erinnern, das Gefühl von Dankbarkeit und Kostbarkeit. Die Vergänglichkeit kann dich vieles darüber lehren, wie du dich aufmuntern lassen kannst. Du kannst ruhig manchmal zulassen, daß es dir Angst einjagt. Es wird gesagt: »Übe, als ob deine Haare in Flammen stünden.« Es ist in Ordnung, wenn es dir Angst macht. Angst kann dich dazu bringen, viele Fragen zu stellen. Wenn sie dich nicht deprimiert, kann sie dich dazu bringen, dich selbst zu fragen: »Was ist diese Angst? Woher kommt sie? Wovor habe ich Angst?« Vielleicht hast du Angst gerade vor den aufregendsten Sachen, die du noch zu lernen hast. Die Vergänglichkeit ist eine große Erinnerungshilfe.

Der dritte Punkt zum Erinnern ist Karma: Jede Handlung zieht unweigerlich eine Folge nach sich. Über das Gesetz von Karma könnte man ein ganzes Seminar abhalten. Aber für unser Alltagsleben bedeutet es grundsätzlich eine Erinnerung daran, daß es eine Rolle spielt, wie wir leben. Und besonders wichtig ist es auf der Ebene des Geistes. Jedesmal, wenn du bereit bist, deine Gedanken anzuerkennen, sie gehenzulassen und dann zur Frische des gegenwärtigen Augenblickes zurückzukehren, säst du in deinem Unbewußten die Samen der Wachsamkeit. Nach einer Weile taucht dann nämlich ein wacherer, offenerer Gedanke auf. Du konditionierst dich zur Wachheit statt zur Schläfrigkeit. Vielleicht bist du irgendwo eingefangen, aber du kannst dich daraus lösen durch die Art und Weise, wie du deinen Geist benutzt, durch deine Bereitschaft, zur Jetztheit, zur Unmittelbarkeit des Augenblickes zurückzukommen. Jedesmal, wenn du bereit bist, das zu tun, säst du die Samen für deine eigene Zukunft, kultivierst diese dir angeborene, grundlegende Wachsamkeit, indem du danach strebst, von deiner gewohnten Vorgehensweise loszulassen und etwas auf ganz neue Art zu machen. Das heißt im Grunde, von den Gedanken loszulassen, vom ewigen Kreisen der Gedanken loszulassen und zum gegenwärtigen Augenblick zurückzukehren.

In einem unserer Gesänge sagen wir: »Alles, was auftaucht, ist frisch und die Essenz der Erkenntnis. Bewirke deinen Segen, damit meine Meditation frei ist von vorgefaßten Bildern.« Frische bedeutet hier zum Beispiel die Bereitschaft, dich aufzusetzen, wenn du in dich zusammengesackt bist. Wenn du dich am liebsten den ganzen Tag unter die Bettdecke verkrümeln würdest, ist Frische die Bereitschaft, aufzustehen und dich mit einer wirklich guten Seife zu duschen, zur Drogerie zu gehen und etwas zu kaufen, was gut riecht, dein Hemd zu bügeln, deine Schuhe zu putzen, alles, was eben nötig ist, um dich aufzumuntern. Es bedeutet, alles Nötige zu tun, um diesem Drang entgegenzuwirken, alles auf den Boden zu werfen, unter das Bett zu schieben, sich nicht zu waschen, in diese Dunkelheit einfach hinabzutauchen. Wenn diese Gefühle einen überkommen, hat man tatsächlich den Eindruck, als sei die ganze Welt mit dem eigenen geistigen Zustand im Bunde, als sei sie ein Spiegel des eigenen Innern. Die Dunkelheit scheint überall zu sein. Die anderen Menschen ärgern sich über uns, die Situation wird immer beklemmender. Es ist nicht einfach, sich selbst aufzumuntern, und manchmal kommt es dir heuchlerisch vor, als ginge es dir gegen den Strich. Aber dieser dritte Punkt erinnert dich daran, daß du der einzige bist, der etwas gegen dein gewohnheitsmäßiges Festsitzen tun kann.

Damit will ich dir nicht vorschreiben, was du tun sollst. Ich rede vielmehr davon, daß man hinschauen kann, wie man immer die gleichen, gewohnheitsmäßigen Dinge tut, wenn unangenehme Gefühle – Unbehaglichkeit, Depression, Angst – auftauchen. Man macht nämlich immer wieder das gleiche: Man verschließt sich in irgendeiner sehr vertrauten, gewohnheitsmäßigen Weise. Nach dem Gesetz des Karma hat jede Handlung eine Wirkung. Wenn man sich den ganzen Tag unter der Bettdecke verkriecht, wenn man sich zum millionsten Mal in seinem Leben vollfrißt, wenn man sich besäuft, wenn man high wird, dann weiß man im Grunde schon vorher, daß es einen deprimieren und nur noch mehr entmutigen wird, falls es sich um eine gewohnheitsmäßige Verhaltensweise handelt, von der man sich wünscht, daß sie einem ein besseres Gefühl geben möge. Je älter man wird, desto besser weiß man, wie elend man sich danach fühlen wird. Das Gesetz des Karma besagt: »Nun, wie willst du dich morgen, nächste Woche, nächstes Jahr, fünf Jahre später, zehn Jahre später fühlen? Es liegt an dir, wie du dein Leben nutzen willst.« Das heißt nicht, daß du der beste sein mußt im Dich-Ermuntern oder daß deine gewohnheitsmäßigen Tendenzen nie die Oberhand gewinnen. Es hat nur mit diesem Gefühl zu tun, daß du dich hin und wieder daran erinnerst. Manchmal sagst du: »Das ist mir schnuppe«, aber nach dem vierten Tag unter der Bettdecke in deinen stinkigen, dreckigen Kleidern, mit den Socken an den Füßen und der leeren Flasche neben dem Bett – wie auch immer das Szenario aussehen mag –, sagst du irgendwann: »Vielleicht sollte ich rausgehen und mir ein neues Hemd kaufen und mich duschen und das Meer anschauen gehen oder in den Bergen spazierengehen oder mir ein schönes Essen kochen oder *irgend* etwas tun, um meine Situation zu verbessern, um mich aufzumuntern.« Auch wenn unser Herz sich ganz schwer anfühlt, können wir hinausgehen und uns das beste Filetsteak oder was auch immer besorgen – in meinem Fall zum Beispiel den besten Pfirsich.

Das Gesetz des Karma ist, daß wir die Samen säen und die Früchte ernten. Es kann sehr hilfreich sein, sich daran zu erinnern. Wenn du dich also an einem dunklen Ort wiederfindest, an dem du schon unzählige Male gewesen bist, kannst du dir denken: »Vielleicht ist es an der Zeit, daß ich mir einen kleinen, goldenen Spaten hole und mich hier rausbuddle.« Ich erinnere mich noch sehr gut an meine erste Unterredung mit meinem Lehrer, Chögyam Trungpa Rinpoche, weil ich irgendwie zögerte, mit ihm über das zu sprechen, was das wirkliche Problem in meinem Leben darstellte. Statt dessen vergeudete ich das ganze Gespräch mit Geplapper. Ab und zu fragte er dazwischen: »Wie geht es denn mit deinem Meditieren?«, und ich antwortete: »Ach, ganz gut« und plapperte munter weiter. Am Ende platzte es aber in der letzten halben Sekunde aus mir heraus: »Mir geht es ganz furchtbar, und ich bin voll Zorn und Wut und bla-bla-bla.« Rinpoche ging mit mir zur Tür und sagte: »Nun, das fühlt sich an wie eine große Welle, die angerollt kommt und dich zu Boden wirft. Du findest dich auf dem Meeresboden mit deinem Gesicht im Sand wieder, und auch wenn der Sand deine Nase und deinen Mund und deine Augen und Ohren füllt, stehst du auf und gehst wieder einen Schritt vorwärts. Dann kommt die nächste Welle und wirft dich wieder zu Boden. Die Wellen kommen immer wieder, eine nach der anderen, aber jedesmal, wenn du zu Boden fällst, stehst du auf und gehst weiter. Nach einer Weile stellst du fest, daß die Wellen kleiner zu werden scheinen.«

So funktioniert Karma. Wenn du immer weiter dort liegenbleibst, wirst du ertrinken, aber du hast dann nicht einmal das Privileg zu sterben. Du lebst einfach mit diesem Gefühl, ständig zu ertrinken. Du darfst dich also nicht entmutigen lassen und denken: »Gut, jetzt bin ich aus dem Bett aufgestanden, ich habe mich geduscht. Wieso lebe ich jetzt nicht in einer Märchenwelt? Ich dachte, ich bin jetzt Schneewittchen. Ich dachte, jetzt kommt das Happy-End. Der Prinz hat mich geküßt; ich bin wach geworden.« Die Wellen kommen eine nach der anderen und werfen dich zu Boden, aber du stehst jedesmal wieder auf und hast dabei das Gefühl, daß du dich aufrüttelst, bewußt aufstehst. Und außerdem, wie Rinpoche sagte: »Nach einer Weile stellst du fest, daß die Wellen kleiner zu werden scheinen.« So läuft es tatsächlich. So funktioniert Karma. Laß dir dieses Wissen also eine Erinnerung sein. Es ist kostbar und es ist knapp, und du kannst es gut einsetzen.

Hierzu eine weitere Geschichte über Rinpoche, wie er zu seinem Lehrer, Jamgon Kongtrul von Sechen, ging. Rinpoche erzählte, daß Jamgon Kongtrul an diesem speziellen Morgen, als er in den Raum kam, einen Gegenstand aus einem wunderschönen silbrig-glänzenden Metall hochhielt, das in der Sonne funkelte. Dieses Ding hatte einen langen Griff und oben so etwas wie Zinken. Jamgon Kongtrul sagte, daß man es ihm aus England geschickt hatte. Rinpoche näherte sich, setzte sich hin und schaute es sich an. Jamgon Kongtrul sagte: »Damit ißt man«, und als die Bediensteten das Essen brachten, stach er mit den vier Zinken hinein, hielt ein Stück Essen hoch, steckte es in den Mund und sagte: »So essen sie damit dort drüben. Sie stechen damit ins Essen, und das Essen bleibt an diesen vier Zinken hängen, und dann stecken sie es sich in den Mund.« Rinpoche schaute sich den Gegenstand an und fand ihn sehr raffiniert. Dann sagte Jamgon Kongtrul zu ihm: »Eines Tages wirst du die Menschen kennenlernen, die diese Dinge machen, und du wirst mit ihnen arbeiten. Es wird nicht leicht sein, denn du wirst sehen, daß sie mehr daran interessiert sind, in ihrem Schlaf zu bleiben als aufzuwachen.« Das sagte er über uns. Wenn du also erkennst, daß das für dich wahr ist, erinnere dich daran, daß es an dir liegt, ob du Dankbarkeit empfindest und die Kostbarkeit deines Lebens, ob du die Vergänglichkeit und Seltenheit wertschätzst oder ob du immer nachtragender und härter und verbitterter wirst und dich immer betrogener fühlst. Es liegt an dir, wie das Gesetz des Karma sich auswirkt.

Der vierte Punkt zum Erinnern ist schließlich die Sinnlosigkeit, weiterhin in dieser Tretmühle gefangen zu bleiben, die traditionsgemäß Samsara genannt wird. Eine Bekannte von mir sagte einmal, sie fühle sich, als säße sie auf einer Schallplatte, die ständig kreist; sie sei in dieser einen Rille hängengeblieben, und bei jedem Kreisen würde die Rille immer tiefer.

Ich habe auch oft gehört, daß sich Leute, wenn sie sich selbst reden hören, vorkommen wie ein Tonbandgerät, das immer wieder das gleiche Band spielt. Sie haben es satt, aber irgendwie spielen sie das Band trotzdem immer weiter, weil es da eine komische kleine Identität gibt, die ihnen eine gewisse Sicherheit verleiht, auch wenn es schmerzhaft ist. Das ist Samsara.

Das Wesen von Samsara ist diese Tendenz, die wir haben, Vergnügen zu suchen und Schmerz zu vermeiden, Sicherheit zu suchen und Unsicherheit zu vermeiden, Bequemlichkeit zu suchen und Unbequemlichkeit zu vermeiden. Die grundlegende Lehre lautet, daß wir auf diese Weise unglücklich und im Elend bleiben, eingefangen in einer sehr kleinen, eingeschränkten Sicht der Realität. So bleiben wir in einem Kokon eingesperrt. Da draußen sind all die Planeten und Galaxien und der unermeßlich weite Weltraum, aber du hängst in diesem Kokon, oder vielleicht bist du in einer Kapsel wie eine Vitamintablette. Augenblick für Augenblick beschließt du, daß du lieber in dieser Kapsel bleiben möchtest. Du würdest lieber dein Dasein als Vitamintablette fristen als hinauszuschreiten in dieses große weite All. Das Leben in dieser Kapsel ist gemütlich und sicher. Wir haben alles gemeistert. Es ist sicher, es ist berechenbar, es ist bequem und es ist zuverlässig. Wenn wir in unsere Wohnung kommen, wissen wir genau, wo alles ist, und es ist alles genau so, wie wir es wollen. Wir wissen, daß wir alle Haushaltsgeräte haben, die wir brauchen, und daß wir alle Kleider haben, die uns gefallen. Wenn wir uns unbehaglich fühlen, stopfen wir einfach die Lücken aus. Unser Verstand sucht immer diese Sicherheitszonen. Wir befinden uns in dieser Sicherheitszone und halten dies für das Leben – alles zu meistern, Sicherheit zu finden. Der Tod bedeutet, all das zu verlieren. Davor haben wir Angst, das macht uns ängstlich. Man könnte den Tod als eine Unannehmlichkeit bezeichnen – sich ungeschickt und nicht am rechten Platz fühlen. Eine weitere Beschreibung der Todeserfahrung, vor der wir solche Angst haben, wäre, sich total verwirrt zu fühlen und nicht zu wissen, wohin man sich wenden soll. Wir wollen wissen, was passiert. Der Verstand sucht immer diese Sicherheitszonen, und diese Sicherheitszonen brechen ständig zusammen. Dann hetzen wir uns ab, um eine neue Sicherheitszone aufzubauen. Wir vergeuden unsere ganze Energie, unser ganzes Leben mit dem Versuch, diese Sicherheitszonen neu zu errichten, die aber immer wieder aufbrechen. Das ist Samsara.

Das Gegenteil von Samsara ist, wenn die Mauern alle einstürzen, wenn der Kokon völlig aufgebrochen ist und wir ganz offen sind für alles, was kommen mag, ohne uns in uns selbst zurückzuziehen. Das ist es, wonach wir streben, das ist die Reise des Kriegers. Das ist es, was uns aufrüttelt und inspiriert: einen Sprung zu wagen, aus dem Nest geworfen zu werden, die Übergangsriten zu durchlaufen, erwachsen zu werden, in etwas hineinzuschreiten, was ungewiß und unbekannt ist. Aus dieser Sicht ist diese Bequemlichkeit und diese Sicherheit, dieser Kokon, dieses Eingekapseltsein mit dem Tod gleichzusetzen. Das ist der Tod. Samsara bedeutet, den Tod dem Leben vorzuziehen. Der vierte Punkt zum Erinnern ist, daran zu denken. Wenn du dich mit diesen alten, vertrauten Angstgefühlen ertappst, weil deine Welt am Einstürzen ist und du nicht an dein eigenes Selbstbild heranreichst, wenn die anderen dich über alle Maße nerven, weil niemand das tut, was du willst, und sie alles kaputtmachen und du dich selber nicht ausstehen kannst und die anderen auch nicht leiden magst und dein ganzes Leben vor Elend, Verwirrung und Konflikt strotzt – in dieser Situation brauchst du dich nur daran zu erinnern, daß du dieses ganze Gefühlschaos durchmachst, weil deine Bequemlichkeit gerade in Frage gestellt wird, sei es nur oberflächlich oder richtig tiefgehend. In Wahrheit ziehst du aber das Leben, die Kriegerschaft dem Tode vor.

Hoffentlich werden diese vier traditionellen Punkte zum Erinnern – die Kostbarkeit der menschlichen Geburt, die Wahrheit der Vergänglichkeit, das Gesetz des Karma beziehungsweise von Ursache und Wirkung und die Sinnlosigkeit, weiterhin den Tod dem Leben vorzuziehen – dir und mir helfen, während unseres ganzen weiteren Lebens aufzuwachen, ob wir nun hier bleiben oder nach Hause fahren. Ich wünsche einen guten Nachhauseweg, und denkt immer daran – gebt niemals auf!

Bibliographie

Neihardt, John G.: *Schwarzer Hirsch: Ich rufe mein Volk. Leben, Visionen und Vermächtnis des letzten großen Sehers der Ogalalla-Sioux.* Göttingen: Lamuv, 1987, 5. Auflage.

Suzuki, Shunryu: *Zen-Geist, Anfänger-Geist.* Zürich: Theseus, 1983, 4. Auflage.

Thich Nhat Hanh: *Der Geruch von frisch geschnittenem Gras. Eine Anleitung zur Gehmeditation.* Zen-Verlag Theresia Hoeve, 1991, 2. Auflage.

Trungpa, Chögyam: *Born in Tibet.* Boston: Shambhala, 1985.

Trungpa, Chögyam: *Sprirituellen Materialismus durchschneiden.* Zürich: Theseus, 1989.

Trungpa, Chögyam: *First Thought Best Thought: 108 Poems.* Boulder and London: Shambhala, 1983.

Trungpa, Chögyam: *Das Buch vom meditativen Leben. Die Shambhala-Lehren vom Pfad des Kriegers zur Selbstverwirklichung im täglichen Leben.* Reinbek: Rowohlt, 1991.

Informationen über Meditationskurse oder Zentren in Ihrer Nähe erhalten Sie von:

Shambhala Europa
Annostraße 27–33
50678 Köln
Tel.: 0221/3102400

Spirit

Taisha Abelar
Die Zauberin
Die magische Reise einer Frau auf dem toltekischen Weg des Wissens
Band 13304

Stephen Batchelor
Buddhismus für Ungläubige
Band 14026

Mojdeh Bayat
Mohammad Ali Jamnia
Geschichten aus dem Land der Sufis
Band 13966

P. Besserman (Hg.)
Früchte vom Baum des Lebens
Die Weisheit der jüdischen Mystik
Band 13027

Jerry Braza
Achtsamkeit – leben im Augenblick
Band 14253

Thomas Cleary(Hg.)
Dhammapada
Die Quintessenz der Buddha-Lehre
Band 13156
Die Drei Schätze des Dao
Basistexte der inneren Alchimie
Band 12899

Pema Chödrön
Liebende Zuwendung, Freude im Herzen
Band 14459

Mark Epstein
Gedanken ohne den Denker
Band 14252

Reshad Feild
Jede Reise beginnt mit einer Frage
Ein Leben in der Sufi-Tradition
Band 14456

David Fontana
Kursbuch Meditation
Band 13098

Matthew Fox
Freundschaft mit dem Leben
Die vier Pfade der Schöpfungsspiritualität
Band 14016

Fischer Taschenbuch Verlag

fi 666 001 / 1 / a

Spirit

Stanislav Grof
Kosmos und Psyche
Band 14641

Hans Gruber
Kursbuch Vipassanā
Wege und Lehren
der Einsichtsmeditation
Band 14393

Meister Hakuin
Authentisches Zen
N. Waddell (Hg.)
Band 13333

William Hart
Die Kunst des Lebens
Vipassana-Meditation
nach S. N. Goenka
Band 12991

Jeremy W. Hayward
Briefe an Vanessa
Über Liebe, Physik und
die Wiederverzauberung
der Welt
Band 14739

Sheldon B. Kopp
Anfang und Ende sind eins
Band 13824
Triffst Du Buddha
unterwegs ...
Psychotherapie und
Selbsterfahrung
Band 14671

Arnold Kotler (Hg.)
Mitgefühl leben
Engagierter
Buddhismus heute
Band 14256

Jiddu Krishnamurti
Der Flug des Adlers
Band 14637
Du bist die Welt
Band 14480
Die Zukunft ist jetzt
Band 14636
Das Notizbuch
Band 14481
Über Leben und Sterben
Band 13656

Th. E. Mails
Das Leben des Fools Crow
Band 13032

Fischer Taschenbuch Verlag

fi 666 001 / 1 / b

Spirit

Meister Dae Gak
Das Zen des Lauschens
Band 14110

Meister Wumen
Huikai
Die torlose Schranke des Zen
Das Mumonkan als Arbeitsbuch der Zen-Schulung
Band 14460

Jacob Needleman
Die Seele der Zeit
Band 14747

Maura O'Halloran
Im Herzen der Stille
Aufzeichnungen
einer Zen-Schülerin
Band 13822

Jalāluddīn Rūmī
Die Sonne von Tabriz
Gedichte, Aphorismen
und Lehrgeschichten
des großen Sufi-Meisters
Band 13243

Sharon Salzberg
Geborgen im Sein
Die Kraft der
Mettā-Meditationen
Band 14461

Arwind Sharma (Hg.)
Innenansichten der großen Religionen
Buddhismus, Christentum, Daoismus, Hinduismus, Islam, Judentum, Konfuzianismus
Band 13142

Miranda Shaw
Frauen, Tantra und Buddhismus
Band 14743

Raymond Smullyan
Das Tao ist Stille
Band 13588

Clark Strand
Meditation ohne Guru
Einfache Übungen
für ein gelassenes Leben
Band 14391

Chögyam Trungpa
Die Insel des JETZT im Strom der Zeit
Bardo-Erfahrungen
im Buddhismus
Band 13823

Fischer Taschenbuch Verlag

fi 666 001 / 1 / c

Spirit

Yeshe Tsogyal
Der Lotusgeborene im Land des Schnees
Wie Padmasambhava den Buddhismus nach Tibet brachte
Band 12975

Llewellyn Vaughan-Lee
Transformation des Herzens
Die Lehren der Sufis
Band 14257

Llewellyn Vaughan-Lee (Hg.)
Die Karawane der Derwische
Band 13208

Roger N. Walsh
Der Geist des Schamanismus
Band 14079

Tenzin Wangyal
Der kurze Weg zur Erleuchtung
Dzogehen-Meditation nach den Bōn-Lehren Tibets
Band 13233

Sylvia Wetzel
Das Herz des Lotos
Frauen und Freiheit
Band 14254

C. Whitmyer (Hg.)
Arbeit als Weg
Buddhistische Reflexionen von Robert Aitken, Thich Nhat Hanh, Shunryu Suzuki, Tarthang Tulku u. a.
Band 13022

Ken Wilber
Eros, Kosmos, Logos
Eine Jahrtausend-Vision
Band 14974
Halbzeit der Evolution
Der Mensch auf dem Weg vom animalischen zum kosmischen Bewußtsein
Band 13210
Eine kurze Geschichte des Kosmos
Band 13397

(Hg.) Ken Wilber
Bruce Ecker
Dick Anthony
Meister, Gurus, Menschenfänger
Über die Integrität spiritueller Wege
Band 13825

Fischer Taschenbuch Verlag

fi 666 001 / 1 / d

Sylvia Wetzel

Das Herz des Lotos

Frauen und Buddhismus

Band 14254

Welchen Sinn hat es, wenn sich heutige Frauen mit einer mittelalterlichen Religion befassen, die, wie das Christentum, von einem Mann begründet wurde und von Männern überliefert, verwaltet und interpretiert wird? Dieses Buch zeichnet »das Protokoll einer Begegnung« auf: eine Frau von heute hat die Lehren des Buddha gegen den Strich gelesen und dabei einige vorläufige Antworten und viele weitere Fragen gefunden. Damit eine Religion lebendig bleibt, muß sie in jeder Generation neu entdeckt werden. Allein ihrer überlieferten Tradition zu folgen, reicht nicht aus. Immer wenn sich Frauen mit einer Religion befassen – ob Buddhismus, Christentum, Judentum oder Islam –, ist ihre Aufgabe eine doppelte.
Das Herz des Lotos stellt zentrale Lehren des Buddhismus dar und benennt Fallen, in die wir geraten, wenn wir unseren kulturellen Hintergrund und unser Geschlecht nicht berücksichtigen. Es nimmt typische Fragen von Frauen an die Lehre auf und stellt erste praktische Ergebnisse vor: Thesen und Übungen, die heutige Frauen (und Männer) auf ihrem Weg in die innere und äußere Freiheit unterstützen können.

Fischer Taschenbuch Verlag

fi 1208 / 3

Maura O'Halloran

Im Herzen der Stille

Aufzeichnungen einer Zen-Schülerin

Aus dem Amerikanischen von Ursula Gräfe

Band 13822

Eine moderne junge Frau, kontaktfreudig, unternehmungslustig, emanzipiert, macht eine Weltreise. Eher ungeplant begegnet sie einem Zen-Meister, der sie so beeindruckt, daß sie sich entschließt, für eine dreijährige Schulung in seinem Tempel zu bleiben. Was Maura O'Halloran beschreibt, ist bewegend für Zen-Schüler, die sich mit vielen ihrer Schwierigkeiten, vor allem in bezug auf die Meditation, das Sitzen oder ›zazen‹ wiedererkennen, genauso wie für jeden anderen, der versucht, bewußt zu leben. Denn es ist der Alltag, der beschrieben wird und mit dem jeder auf seine Weise Probleme hat. Die Erlebnisse von Maura O'Halloran sind übertragbar, denn das soziale Leben in einem Zen-Kloster bietet die gleichen menschlichen Konflikte wie unser Alltag.

Fischer Taschenbuch Verlag

fi 1055 / 8

Jacob Needleman

Die Seele der Zeit

Aus dem Amerikanischen von Jochen Eggert

Band 14747

Auf der Suche nach der eigenen Zeit – wer ist das nicht? In hektischer Betriebsamkeit, versuchen wir immer mehr Termine in immer kürzerer Zeit abzuhaken, packen wir unsere Freizeit mit den unterschiedlichsten Aktivitäten voll – ohne Sinn und Verstand und ohne jede Möglichkeit zur Besinnung.

Jacob Needleman sieht im Mangel an Zeit »die Armut unseres Wohlstands. Es ist unsere Hungersnot, die Hungersnot einer Kultur, der Dinge wichtiger sind als die Zeit, der das Außen wichtiger ist als das Innen.« Diesem Phänomen entgegenzuwirken ist sein Ziel. Dabei geht es nicht um neue noch ausgefeiltere Methoden des Zeitmanagements, sondern um die Wiederentdeckung eines Sinns in unserem Leben. Auf sympathische und nachdenklich stimmende Weise lädt er uns ein, die Seele der Zeit – unserer Zeit – wiederzuentdecken.

Fischer Taschenbuch Verlag

fi 1212 / 4

Jacob Needleman

Das kleine Buch der großen Liebe

Aus dem Amerikanischen von Heike Münnich

Band 14645

Natürlich glauben wir zu wissen, was Liebe ist. Doch: wissen wir es wirklich? Sehnen wir uns nicht vielmehr danach, die Liebe neu zu verstehen, zu begreifen, was es bedeutet, zusammenzuleben, an der Liebe zu arbeiten und nicht aufzugeben? Needleman fragt nach dem Potential eines Lebens in Liebe, das zwischen bloßem sexuellen Verlangen und hehren, aber meist unrealistischen Entwürfen »heiliger« Liebe angesiedelt ist.

Das kleine Buch der großen Liebe hilft uns, unsere eigene Liebesfähigkeit zu begreifen, zu entfalten und gemeinsam immer tiefere, intensivere Formen der Liebe zu erfahren. Denn: Welche Bedeutung unser Leben auch haben mag, es wäre sinnlos ohne die Liebe.

Fischer Taschenbuch Verlag

fi 1221 / 3

Dalai Lama

Die Vier Edlen Wahrheiten

Die Grundlage buddhistischer Praxis

Aus dem Englischen von Marion B. Kroh

155 Seiten. Geb.

In seiner ersten Lehrrede hat Buddha die *Vier Edlen Wahrheiten* formuliert. Sie bilden die Grundlage für alle Formen des Buddhismus, angefangen vom Ur-Buddhismus des Theravada bis hin zum tibetischen und Zen-Buddhismus. Im eigentlichen Sinne sind sie Beschreibungen der Wirklichkeit, sie stellen fest, daß es in der Natur des Lebens liegt, daß alle Lebewesen leiden, d.h., daß das Leben schwierig, unbefriedigend, frustrierend ist. Von diesem Leid kann man sich jedoch durch ein von ethischen Grundsätzen geleitetes Leben befreien, um so zu einem erfüllten und innerlich freien Leben zu gelangen.

Tenzin Gyatso, der XIV. Dalai Lama, erläutert in diesem Buch in allgemeinverständlicher Form die Bedeutung der *Vier Edlen Wahrheiten* für den Buddhismus und deren Anwendung im heutigen Westen. Und er läßt keinen Zweifel daran, daß die *Vier Edlen Wahrheiten* das A und O jeder Auseinandersetzung mit dem Buddhismus sind: »Wer die *Vier Edlen Wahrheiten* nicht versteht und die Wahrheit dieser Lehre persönlich nicht erfahren hat, der kann unmöglich den Buddha-Dharma (die buddhistische Lehre) praktizieren.«

Wolfgang Krüger Verlag

fi 773 / 5